钱学森传

冯化太 编著

国文出版社
·北京·

图书在版编目（CIP）数据

钱学森传 / 冯化太编著. -- 北京：国文出版社，2025. -- ISBN 978-7-5125-1830-8

Ⅰ.K826.16

中国国家版本馆CIP数据核字第20241V1F79号

钱学森传

编　　著	冯化太
责任编辑	罗敬夫
统筹监制	杨　智
责任校对	周　琼
出版发行	国文出版社
经　　销	国文润华文化传媒（北京）有限责任公司
印　　刷	文畅阁印刷有限公司
开　　本	880毫米×1230毫米　　　32开
	6.5印张　　　　　　　　113千字
版　　次	2025年3月第1版
	2025年3月第1次印刷
书　　号	ISBN 978-7-5125-1830-8
定　　价	59.80元

国文出版社
北京市朝阳区东土城路乙9号　　　邮编：100013
总编室：（010）64270995　　　　传真：（010）64270995
销售热线：（010）64271187
传真：（010）64271187-800
E-mail：icpc@95777.sina.net

钱学森(1911—2009年),享誉海内外的杰出科学家、中国航天之父、中国导弹之父。祖籍浙江杭州,生于上海。

1923—1929年就读于北京师范大学附属中学。深入思考国家、民族的前途命运,希望科学救国,1929—1934年在交通大学机械工程学院攻读铁道机械工程。1934年8月考取清华大学留美公费生;1935年9月进入美国麻省理工学院航空系,学习飞机机械工程,仅用一年就获得硕士学位。1936—1939年就读于加州理工学院航空系,师从冯·卡门,从事航空工程理论、应用力学的学习研究,先后获航空工程硕士学位,航空、数学博士学位。1939—1955年任教于加州理工学院、麻省理工学院。1939年9月"二战"爆发后不久,美国制订了研制核弹、导弹的计划;冯·卡门受命主持美国火箭、导弹的研制工作,钱学森作为得力助手,成功跻身于世界一流的火箭专家、导弹专家之列。

1955年10月回国,从无到有地领导了中国的导弹、火箭研发,一手提拔了许多科技创新人才。1959年11月加入中国共产党。1989年荣获国际科技大奖"小罗克韦尔奖"。1991年被国务院、中央军委授予"国家杰出贡献科学家"荣誉称号。

目 录

第一章 少年立大志

不同凡响的钱氏家族 …………………003

父母的言传身教 ………………………005

兴趣广泛的孩子 ………………………010

在北师大附中的六年 …………………016

在交通大学的学习生活 ………………025

考取公费留美生 ………………………035

第二章 留美二十年

为祖国努力学习 ………………………045

成为冯·卡门的门生 …………………053

师生间的良好合作 ……………………066

致力于火箭研究 ………………………070

最年轻的正教授 ………………………084

第三章 回国挑重担

冲破阻力回祖国 ·················095

展望回国新征程 ·················108

做客中南海 ·····················116

前往东北考察 ···················125

参与制订科学规划 ···············133

白手起家研制导弹 ···············139

"两弹"结合铸辉煌 ···············150

负责研发卫星 ···················159

第四章 人生显辉煌

航天事业的开创者 ···············173

工程控制论的创始人 ·············178

中国自然科学的领导者 ···········183

荣获"小罗克韦尔奖" ·············187

获得多项国家大奖 ···············193

第一章

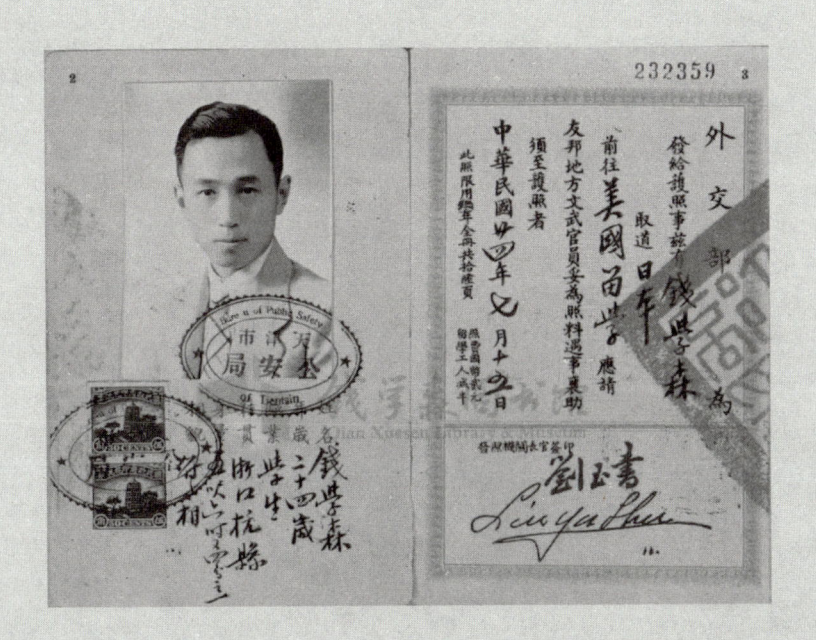

少年立大志

第一章 | 少年立大志

不同凡响的钱氏家族

1911年10月10日,武昌起义爆发,打响了辛亥革命的第一枪。1912年元旦,孙中山在南京成立了中华民国临时政府;2月12日,清帝被迫宣告退位,结束了清王朝的统治;4月,孙中山被迫辞职,袁世凯窃取了政权。辛亥革命虽然未完成中国人民反帝反封建的民主革命的任务,但是结束了中国两千多年的封建君主专制制度,为中国的进步打开了历史的闸门。在此期间,1911年12月11日晚,钱学森出生于上海。

钱学森祖籍浙江杭州。在杭州一带,钱家是一个颇有社会声望的家族。据悉,他们是吴越王钱镠(852—932年)的后裔,钱学森是钱镠的第三十三世孙。

据《十国春秋》记载,五代十国时期,钱镠统一了两浙地区以后,建立"十国"之一吴越国。他在位期间,保境安民、兴修水利、开拓海运、发展贸易,使得当时的吴越国经济繁荣、文人荟萃、百姓安居乐业。后来,赵匡胤(927—976年)取代"五代"的末代王朝——后周,建立宋朝;钱镠之孙钱俶(929—988年)为了使百姓免于战祸,顺应时势地尊赵氏为帝,使国

家"不被干戈"而实现和平统一。我们现在熟知的《百家姓》最早成文于北宋,第一句是"赵钱孙李","赵"是国姓,位列第一,"钱"排在第二,据闻就是因为感念吴越钱氏国王为和平统一而作出的抉择。

钱镠不仅治国有略,修身齐家也十分严谨,他曾两度订立治家"八训""十训",遗训中包含"心存忠孝,爱兵恤民,勤俭为本,忠厚传家"等内容,这些家训、遗训世代相传,激励着钱氏后人。

钱氏后人秉承祖训,传承家风,造就了吴越钱氏一族人才辈出的传奇。北宋以来,特别是明清时期,曾有众多的文学家、学者出自这个家族,如北宋文人钱惟演(977—1034年,钱俶之子),明末清初文学家钱谦益(1582—1664年)等。到了近代更是如此,如学者钱玄同(1887—1939年)、钱锺书(1910—1998年),历史学家钱穆(1895—1990年),科学家"三钱"钱学森(1911—2009年)、钱伟长(1912—2010年)、钱三强(1913—1992年),水利专家钱正英(1923—2022年),外交家钱其琛(1928—2017年)等,皆是在各自领域有所成就的大家。

父母的言传身教

幼时的钱学森天资聪颖,悟性极高,记忆力超强,三岁时已能背诵出百首的唐诗宋词,以及早期一些启蒙读物如《增广贤文》《幼学琼林》等,同时还精于心算,加、减、乘、除不在话下。这些事迹在邻里间一传十、十传百,都说钱家出了个"神童"。面对如此聪慧的儿子,钱均夫夫妇都深感自己肩上担子之重,心中暗暗发誓一定要把儿子教育好,不辜负他的天赋。

钱学森的母亲章兰娟,是杭州富商之女,从小秀外慧中、知书达理、多才多艺。对于儿子,她总是采取启发教育,动之以情、晓之以理,让儿子心服口服。

钱学森最爱听母亲讲杨家将保家卫国、岳飞精忠报国的故事,古人头悬梁锥刺股、凿壁偷光、囊萤映雪等发愤苦读的故事也让年幼的他印象深刻,司马光砸缸等智慧故事更是启发了他。每当听母亲讲这些故事时,他总是那么认真、投入,稚气的脸庞上充满了对古人的崇拜与向往。

章兰娟对儿子寄予厚望,不仅督促他学习上进,更是言传身教,树立孩子良好的品性德行。

1914年年初，钱均夫赴北京教育部任职，章兰娟带着儿子随之迁居北京。钱家在北京是独居的大四合院，与他们相邻的则多是一些贫苦的劳动人民。章兰娟是个乐善好施的贤德女性，所以非常同情下层市民的疾苦，总是能帮则帮，在邻里窘困之际伸以援手。幼小的钱学森经常看到的景象便是，自家那扇黑漆大门经常被求借的邻居敲开，母亲总是温和而热情地接待他们。只要家中有的，尽管借出去；而借去的钱粮，如果邻里确实无力偿还，母亲也非常体谅，绝不再提起。

母亲对钱学森的影响力，在他的身上持续一生。综观钱学森的一生，母亲章兰娟确实在他生命中起着重要的作用。就像后来他在回忆母亲的时候说道：

> 我的母亲是个感情丰富、淳朴而又善良的女性，而且是个通过自己的模范行为引导孩子行善事的母亲。母亲每逢带我走在北京大街上，总是向乞讨的行人解囊相助，对家中的仆人也总是仁厚相待。母亲的慈爱之心给了我深远的和连绵不断的影响。

如果说母亲带给小钱学森的是关爱呵护、读书的兴趣、善良正直的品行教育，那么父亲应该是他幼年知识启蒙的第一位老师。

钱均夫的父辈在杭州经营丝绸,他幼年时就得到了良好的家庭教育,长大后就读于杭州求是书院(今浙江大学前身),是个品学兼优的学生。当时,杭州富商章氏很赏识钱均夫的才华,不仅将自己多才多艺的爱女章兰娟许配给他,还资助他东渡日本求学。

那时的中国,正处于日趋没落的清王朝统治之下,社会动荡不安,各种民主革命的思潮风起云涌,许多爱国志士四处寻找着救国之术、济世良方。钱均夫就是在这种背景下,与蒋百里等人东渡日本,学习教育学,以施展其"兴教救国"的抱负。

钱均夫在日本接受了孙中山先生的民主革命思想,认识到不进行民主革命就不可能挽救中国,于是他在1910年毅然回国,在1912年于上海创办了"劝学堂"来传播民主革命的思想。

钱均夫是一位长期从事教育工作的人,为人忠厚、富有爱国心。他有广泛的文史爱好,博学多才、谦恭自守。他的性格营造了和睦的家庭氛围,加上他酷爱读书、实事求是的精神,这些都对钱学森的健康成长起了重要作用。

钱均夫是一位对国学颇有研究的学者,他对《论语》《孟子》等著作都进行了深入的研究,并写了不少见解精辟的论著。钱学森受到父亲的影响,对读书产生了浓厚的兴趣。

钱学森五岁时就读了《水浒传》,他对书中刻画的英雄形

象十分着迷。有一次,他忽然对父亲说:"《水浒传》中的一百零八个英雄,原来是天上的一百零八颗星星下凡来到人间的。那么,人间的大人物、干大事情的,是不是都是天上的星星呀?"

钱均夫被儿子提出的问题给问住了,一时不知该如何回答。他低头思考了一会儿,微笑着对儿子说:

《水浒传》里面很多不是真实的故事,但是有很多的英雄和大人物,像诸葛亮、岳飞,还有现在的孙中山先生,他们都不是天上的星星,他们原本就是一个个普通的人,只是他们从小都爱学习,树立了远大的志向,而且又有决心与毅力,不怕困难,因此就做出了惊天动地的事情。

钱学森听了父亲的解释,受到很大的鼓舞,他说:"如果英雄不是天上的星星变的,那么我也能成为英雄!"

钱均夫非常高兴地说:"你也能做英雄,首先你必须好好读书,努力学习知识,贡献社会。"

钱均夫在此后的日子里,就更关注儿子的学习情况了,他经常向儿子讲授关于"学习知识,贡献社会"的道理。这八个字成了钱均夫的家训,也影响着钱学森一生的奋斗与追求。

除此之外,钱均夫还经常向钱学森灌输一些自然知识,使他从小就对神秘的天空有着无穷无尽的向往。

钱均夫对钱学森的管教非常严格,但同时又是很讲究方法的,从小就培养他良好的学习、生活习惯:

> 每天按时起床、就寝,按时复习功课和休息;出门上学必须衣着整洁,书包需要整理得井井有条;回家以后,鞋袜、衣帽、书包放在什么地方,都有一定规矩,不能乱来。

钱学森后来在科学事业上严谨细致、井井有条、一丝不苟的作风,也是与这些家庭教育分不开的。

钱学森后来常说的一句话是:"我的第一位老师是我父亲。"

兴趣广泛的孩子

钱均夫是一个教育家,他深深懂得教育是综合科学,必须在音乐、绘画、摄影、书法、美术等多方面培养儿子的兴趣,让儿子从小在这样活生生的"书"中接受春风化雨的影响,而不仅是学习单一的知识。

钱学森是幸运的,开明父亲创造的优越条件,再加上他自己聪明好学,使得他以后不仅在自然科学方面成就卓著,也在社会科学、文学艺术等方面有着极高的修养。钱学森曾经深有感触地说过:"这些艺术上的修养,不仅加深了我对艺术作品中那些诗情画意和人生哲理的深刻理解,也让我学会了艺术上大跨度的宏观形象思维。"

1917年9月,钱学森进入北京女子高等师范学校附属小学校(今北京第二实验小学)上学;1920年,转校到北京高等师范学校附属小学校(今北京第一实验小学)上学。(北京女子高等师范学校,1924年改名北京女子师范大学;北京高等师范学校,1923年改名北京师范大学。1931年,两者合为北平师范大学;1952年全国高校院系调整,它和其他院校组合为新的北京师范大学。)钱学森是班上年龄最小的一个,个头也是最矮的,因此被老师安排坐在第一排。钱学森牢记父亲灌输的"学习知识,贡献社会"训诫,认真听讲,尊敬老师,遵守纪律,是班上公认的优秀学生。

当时的北京高等师范学校附属小学校有许多优秀的老师,其中有一位女老师给钱学森留下了深刻的印象。这位女老师的演讲尤为出众,总是在全体学生集合时出现,给学生们讲形势、论国事、谈理想,具有极强的感染力、号召力。因而,每当这位女老师演讲结束以后,学生们总是报以热烈的掌声。随后,很多高年级的学生还会围上去,提出各种各样的新鲜问题,这位女老师也都一一耐心解答。

钱学森当时并不知道,他由衷敬佩的这位女老师,就是邓颖超。她当时在那里任教,同时进行地下工作,是一位很活跃的社会活动家。然而对钱学森而言,真正认识这位很活跃、很热情、讲演又很好的女老师,是四十多年以后。他们在一次宴会上偶然谈起,这才恍然知道彼此曾经在同一个学校里生活过。

和同龄孩子一样,年幼的钱学森也活泼好动,爱玩游戏。在课余时间,他与小伙伴们玩得最多的就是掷飞镖的游戏。

那时他们玩的飞镖,大多是用硬纸片折成的,头部尖尖的,有一副向后斜掠的翅膀,掷出去的飞镖犹如燕子一样飞

行,有时还可以在空中回旋。钱学森是掷飞镖的高手,他折的飞镖,往往飞得又远又稳,小伙伴谁也赶不上。孩子的好胜心总是强一些,有人不服气了,拿过他的飞镖检查,想看看里边是不是搞了什么"鬼",小伙伴们也纷纷围过来,七嘴八舌地问。

钱学森见伙伴们好奇,便也认真起来,他拿过两个飞镖比较着说:"你看,这个地方的线得叠正,两边儿得平衡。"小伙伴们拆开他做的飞镖,发现所有的边、角、棱一律规整对称,丝毫不差。

这个时候,教自然的老师刚好路过看见了,就走过来,将钱学森的飞镖复原,让他重掷一次,果然飞得又远又稳。老师把学生召集起来,让钱学森讲解其中的秘密。钱学森说:"我的飞镖没有什么奥秘,我也是经过多次失败,一点儿一点儿改进的。飞镖的头不能太重,重了便会往下扎;也不能太轻,头轻了尾巴就沉,先是向上飞,然后就往下掉。翅膀太小,飞不平稳;太大,就飞不远,爱兜圈子。"

钱学森的解释,让同学们既吃惊又信服:"鬼"原来不在飞镖里,而在他的心里,他就是"鬼点子"多。

自然老师对钱学森的解释更是感到惊奇:小小的飞镖里面也是蕴含着科学原理的,钱学森无师自通,竟然无意中悟出了空气动力学的一些基本原理,这个小同学不能小看啊!老师不禁摸了摸钱学森的头,并赞叹说:"好禀赋!"从这个方面来说,钱学森从小就显露出了良好的禀赋与非凡的天资。

钱均夫认为,美丽的大自然才是教育孩子最丰富、最全面的教科书。与相对枯燥的课堂相比,大自然会让孩子更容易融入其中,他们能学会如何分析、比较各种事物,找出事物之间的关系,从而使他们的智慧得到启迪和发展。

少年时期的钱学森,几乎每年的春、秋季节,都要被父亲带到京郊的乡村或者风景秀丽的香山、西山等去远足,到田间看看农民如何辛苦耕种、收获庄稼,让幼小的他懂得餐桌上的饭菜是怎么得来的,从而要知道珍惜。

每次远足的时候,钱均夫都会告诉儿子,人是属于大自然的,人与大自然有一种不能分离的缘分。在父亲的引导启发下,钱学森从小就热爱生活,热爱大自然,同田野、山水建立了深厚的感情,并且充分领略了祖国河山的壮美。

香山是少年时期的钱学森跟父亲经常出去游玩的地方。有一天,父子两人又去香山游玩,在野餐之后,他们闲适地躺在软软的草地上,仰望着一望无际的蓝天。就在这时,一只在高空盘旋的苍鹰闯入了钱学森的视野。他眼睛一眨不眨地盯着时远时近的苍鹰,一直到那只苍鹰飞入云端、无影无踪,才揉了揉眼睛对父亲说:"我想变成一只大鸟,到空中去遨游。"

看着儿子的神情,钱均夫知道,儿子的心已经随着那只苍

鹰飞向高空,就不失时机地讲述了《庄子》里的一则寓言:

我国古代有个名叫庄周的人,他就曾渴望遨游太空,于是就写了一篇寓言,叫作《逍遥游》。

《逍遥游》里说,在北海当中有一种名叫鲲的大鱼,这个鲲究竟多大呢?它的背就有几千里长。这种鱼会化身为巨大的鹏鸟,它的背也有几千里长,飞起来的时候,巨大的两翼如同垂在天边的云彩,遮天蔽日。

经过水击三千里的一番拼搏,鹏鸟扶摇而上,飞到九万里的高空,它"绝云气,负青天",凭借六月的大风,从北海飞到南海。这是多么大的勇气啊!

其实,庄周在寓言中说的鹏鸟,正是他自己幻化成的。他有远大的抱负,想自由自在地遨游天空,于是,他就把自己想象成一只大鹏鸟,飞到九万里的高空去俯瞰人世间。

"很好,很好,庄周真棒!"大鹏鸟的故事完全把钱学森吸引住了,他也非常赞同庄周的幻想。

钱均夫接着说道:

就在这个寓言当中,庄周还批评了那些目光短浅、胸无大志、安于享乐的人。这就是寓言当中所讲的蝉、学鸠,还有生活在池沼边上的小麻雀。它们嘲笑鹏鸟高飞远翔,说它们自己每天在灌木和蓬蒿之间飞来飞去就很快活了,又没有任何危险,也不愁挨饿,何必要飞那么高、那么远呢!

钱学森说:"我要学大鹏鸟,到太空去遨游,决不做小麻雀。"

听到儿子稚嫩的誓言,钱均夫非常高兴,他亲切地抚摸着儿子的头,动情地说:"真是爸爸的好儿子。"

博学多才的钱均夫,在美丽无比的大自然中由此及彼,启发儿子树立远大的抱负,这对幼年钱学森的成长至关重要。

在北师大附中的六年

1923年,十二岁的钱学森从北京高等师范学校附属小学校毕业,以优异的成绩考入国立北京师范大学附属中学(即原北京高等师范学校附属中学校,以下简称"北师大附中")。

当时中学学制刚刚改革,以美国学制为蓝本,规定初中、高中各三年。当时的北师大附中拥有良好的学习环境,可谓一块得天独厚"培养天才的沃土"。1923—1929年的整整六年,钱学森在这里生活、学习,度过了他人生中最重要的阶段之一,用他后来的话说:"在我一生的道路上,有两个高潮,一个是在北师大附中的六年,一个是在美国读研究生的时候。"

北师大附中位于北京宣武门外琉璃厂北边,校训是"勤、爱、诚、勇"四个字。这里不仅有极好的校风和学风,更拥有一支水平非凡的师资队伍,尤其是高中教师,很多都由北师大的教授兼任。

钱学森入学时,任北师大附中校长的是著名教育家林砺儒(1889—1977年)。在他的领导下,北师大附中率先试验中小学"六三三"新学制。他组织教师自订规章制度、教学计划,自定新的课程标准,自编新教材,试验文理分科,这些在中国教育史上都是重要创举。由此,北师大附中在教与学上都弥漫着民主、开拓、创新的良好风气,是动乱年代中难能可贵的一片培育英才、寄托理想之地。

就检验学习成果来说,当时北师大附中形成的考试风气与今天截然不同:学生临考之前从不紧张备考,绝不因明天要考试而突击性地背诵课本,谁要是在考试之前的晚上熬夜看书被同学知道了,这种"临时抱佛脚"的情况必定会遭到大家的笑话。老师希望学生对知识的吸收重在理解而不在记忆,所以不论什么时候考、怎么考,只要学生的答案有见解,他们都能拿到满意的分数。老师上课也不死抠课本,而是多发散扩展,并且提倡学生多看课外书拓宽视野。北师大附中当时开设的选修课很多,涉及自然科学、社会经济、文学艺术多门类,因此学生的知识面很广。

那是最让钱学森难忘的一段青春岁月:每天中午吃了饭,大家就在教室里讨论各种感兴趣的科学知识,数学、物理、化学……不用对书本死记硬背,也无须对考试担忧恐惧,可以加入各种学习小组与志同道合的同学一起研究探索,也可以参加各种丰富多彩的课外活动,甚至考试之前都还能纵情地在篮球场挥洒汗水,不到天黑不回去。

钱学森从小热爱科学,他最喜欢数学、物理两门课。他记

得教几何的傅仲孙老师曾说过："公式公理、定义定理，是根据科学、根据逻辑推断出来的，在课堂如此，到外面如此；中国如此，全世界如此，即使到火星上也如此！"这是钱学森第一次认识到什么是真正的"严谨的科学"。

博物老师教给学生的"矿物硬度歌诀"，钱学森在多年以后还背得滚瓜烂熟。这个歌诀将十种矿物依序排列，合辙押韵："一滑二石三方解，四莹五磷六正长，七英八黄九刚玉，十度最硬是金刚。"

化学科目老师王鹤清，则启发了钱学森对科学更广阔的兴趣。学校的化学实验室是随时开放的，学生只要跟老师说一声就可以自由出入，进行各种实验项目，不受课程科目的限制。钱学森受益匪浅。

北师大附中非常注重锻炼学生的实践能力。比如教生物的俞君适老师就经常带领他们去野外采集标本，教他们解剖青蛙、蚯蚓等。有一次，他将钱学森叫去，给了他一条蛇，笑着说："将它制成标本不挺好吗？这事第一要胆量，第二要制作技术，你要不要试试？"虽然开始有些不适应，不过最后钱学森还是顺利地完成了老师的挑战。

语文老师董鲁安也给钱学森留下了很深的印象，因为董老师既教他语言文学知识，又指导他如何处事和做人。董鲁安老师从来不死板地讲解知识，即便在宝贵的课堂时间，他也会即兴发散,借题发挥,将学生的眼光和心思引向社会,引向时局。比如:孙中山逝世引起的震动,北伐军的战况,李大钊被杀害背后的真相,"三一八"政府门前的大流血事件,等等。每次讲时,董老师都是慷慨陈词,激情万分,颇有要带领一班学生指点江山的气魄。

多年以后钱学森仍然记得,董鲁安老师在课堂上还给他们详细地转述了鲁迅先生的讲话。那是寒假期间,校友会邀请到了鲁迅来学校演讲,这次的讲话稿后来发表在附中编印的《校友会刊》上,题目为《未有天才之前》。

因为是给教师讲演,鲁迅尤其强调了培植天才的问题,提出了"要做泥土"的高尚思想,体现了鲁迅的高瞻远瞩、脚踏实地。董鲁安老师给学生讲述时引用了鲁迅的话:"譬如想有乔木,想看好花,一定要有好土;没有土,便没有花木了;所以土实在较花木还重要。"他还幽默地自我比喻道:"我就算一撮泥土罢!"

实际上那时的北师大附中办学条件并不非常好,甚至都不能为学生提供食宿。路远的学生,午餐大多是在学校附近的小饭铺吃些炒饭、炒面、炒饼之类的,或者在校门口小摊上买些烧饼、油条、麻花充饥。尽管如此,学生们的学习热情却很高,用过简便的午餐之后,大家就在教室里互相谈论国家大事、科学知识。

当时的北师大附中,只要一走进去便能感觉到一种理想勃发的气氛,一种为振兴中华而刻苦学习的气氛,钱学森就是在这种气氛中被熏陶出来的。

当时的北师大附中,虽然办学经费不足,有时甚至连教职工工资都发不出,然而全校师生在林砺儒校长的领导下,都心无旁骛,努力工作、学习。学校组织各种课外小组,并开设多门选修课,如几何、有机化学、无机化学、工业化学,以及中国的诗词、音乐、伦理学等,到高中二年级又开设了第二外语课程,钱学森当时选修的是德语。校长领导实施的各种创新举措,使得北师大附中的学生大多知识面广、求知欲强,把学习当成一种享受,而不是一种负担,师生关系也和谐融洽、亦师亦友。

多年以后,钱学森回忆时曾深情地说:"当时在旧中国和旧北京那样一种动荡艰难的年代,办学真不是一件容易事。""当时的校长,那时我们称他为主任的林砺儒先生,确实把北师大附中办成了第一流的学校。这真是了不起!很不简单!所以,我至今仍非常怀念。""我至今仍十分怀念我的母校北京师范大学附属中学。我在那里受到的良好教育,是我终生难忘的。""这是我一辈子忘不了的六年。"

钱学森在北师大附中的六个春秋,获得的是理想的雨露、沃土。正是在这一时期,他努力向学,立志要为中国、为中国人争光争气。

钱学森在学习中目标明确,方法得当,又刻苦勤奋,因此学习成绩门门优秀。到了高中文理分科时,钱学森选了理科,这是他尤为热爱的领域,成绩更甚以往,因而他还被同学戏称为"电灯泡",意思是非常光亮耀眼的所在。当时在北师大附中有三个在学业上并驾齐驱的、被荣称为"三杰"的学生,钱学森就是其中一位,另外两位是黄崇智、方贤齐。

北师大附中那时候只有一个小图书馆,而且里面只有一个图书室,但那里却是除教室外学生们最常光顾的地方。图书馆收藏的图书基本分为两大类,第一类是古典小说,例如《西游记》《三国演义》《儒林外史》等,这类图书要有国文老师的批准才能借阅;第二类是科学技术类图书,学生们能够自己借阅。

钱学森上高一的时候,有一天和同学们在午餐后的休息时间聚在一起闲聊,一位同学非常得意地说:"你们知不知道20世纪有两位伟人,一位是爱因斯坦,一位是列宁。"

众人闻所未闻,面面相觑。这是因为在20世纪20年代初,信息相当滞后,虽然爱因斯坦的相对论(1905年)已经问世了十多年,列宁领导的十月革命(1917年)也发生了将近十年,但他俩的大名、事迹却还没有广泛进入中学校园。

见在场同学大多呈懵懂状,那个同学禁不住神采飞扬,侃

侃而谈,他得意地说:"爱因斯坦是位科学巨匠,列宁是位革命巨匠,学校图书馆有关于他俩的书。"

这个同学的话让钱学森听得心痒,他与大多数同学一样,也不知道爱因斯坦是相对论的创立者、列宁是俄国伟大的革命家,更不知道还有马克思、恩格斯。然而,这次茶余饭后的闲谈,激起了好学的钱学森对科学巨人爱因斯坦的崇敬与向往。

在听完故事之后,钱学森非要找一本爱因斯坦的书来读。在当时北师大附中的图书馆里找寻良久,他终于找到了一本《狭义相对论》,于是马上借出来阅读。因为还在上中学的缘故,钱学森当时还没有办法完全看懂这本书,但这却激起了他对科学的极大兴趣。一直至十几年后,钱学森在美国加州理工学院航空系学习时,他同时也选修了物理学,系统学习量子力学、相对论等知识,这才了却了他青少年时期的心愿。

人生就是充满了无数的选择,人的选择不同就会有不同的人生。在北师大附中读书的六年里,钱学森的各门功课在班上均名列前茅,毫不夸张地说,他就是那种让老师相信无论在哪个领域都能做出成绩的人。

在毕业之际的人生路口,和所有同学一样,钱学森也面临着种种的选择——语文老师董鲁安叮嘱钱学森一定要继续学文,因为他认定钱学森将来能够成为一个大作家。数学老师傅仲孙则认为，钱学森在数学方面最具有发展前途，所以告诉他考大学一定要报考数学系。母亲章兰娟又希望钱学森能够继承父业，今后从事教育工作，为国家的教育事业服务。父亲钱均夫对儿子也有自己的期望，他认为只有实业才能救国，而当时的中国最缺乏的便是工程师了，所以他希望钱学森能够学习工程学。

然而，出乎大家意料的是，钱学森最终选择报考了交通大学（前身是南洋公学，1896年盛宣怀创设于上海。1921年与唐山工业专门学校、北京邮电学校、交通传习所合并，改名交通大学。抗战时期太平洋战争爆发，学校迁往重庆；抗战胜利后在上海复校。1956年，部分迁往西安。1959年分为西安交通大学、上海交通大学）机械工程学院铁道门（专业）。选择工程学，钱学森遵循了父亲的意愿；而学习铁道专业，则是他个人的选择。

说起钱学森为什么选择铁道机械工程，还有一段颇为令人感慨的渊源：

早在钱学森读初中的时候，一个偶然的机会，他听到两位来自农村的同学在聊天。

"你第一次看到火车是什么时候？"

"刚到北京读书的时候。你呢？"

"我也是如此。"

"你第一次看到火车,觉得它像个什么东西呢?"

"说不上来它像什么东西,我从未见过这么大的家伙。你说它像什么东西?"

"我也说不上来。反正第一次看见火车便感到头晕;坐上去,火车开起来犹如飞似的,两边的树木都斜躺着往后跑,多么神气呀!"

说者无意,听者有心,同学对火车的惊奇与赞叹,那质朴的语言描绘在钱学森心中留下了深刻的印象,他为之感到震惊。或许在那个时候,钱学森心中对未来的学习道路就已经有了模糊的影子。

中国铁路交通事业在20世纪20年代末30年代初刚刚起步,人才缺乏,很多有志青年看到积贫积弱的国家,决心学习西方先进的科学技术,实践"实业救国"的理想。钱学森便是其中一员。

个人的追求如果能满足社会与国家的需要,那就是奉献于社会,这同时也会获得社会所给予的丰厚回报,从而实现自己的人生价值。在服务社会、向自我擅长方面发展相结合的原则的指导下,年轻的钱学森作出了自己认为最正确的人生选择,他的成才之路自此起航。

第一章 | 少年立大志

在交通大学的学习生活

1929年9月,钱学森从北师大附中以第二名的优异成绩考入交通大学。这时候的钱学森,在父亲爱国思想的熏陶下,心怀利用科学技术复兴中华的理想。

交通大学在长期的办学过程中,形成了自己独特的办学传统、办学特色,即"起点高,基础厚,要求严,重实践"。

刚进入大学的时候,钱学森极不适应这种学习氛围,但他在对交通大学严谨的教学风气、管理评价模式有了一定了解后,马上调整自己的学习方法,更加惜时如金,刻苦用功。一册《分析化学》,从第一页至最后一页,钱学森甚至能一字不漏地背诵下来。皇天不负有心人,如此用功的钱学森,几乎每年都斩获"学习优异生"的光荣称号,受到学院和学校的嘉奖。

在钱学森进入交通大学的第一年,学校开设的大部分学科,如解析几何、微积分、代数、有机化学、工业化学、欧几里得几何、第二外语等,他在北师大附中时都已经接触过,所以这一年的学习相对来说还比较轻松。不过,当时交通大学注重考试分数——到学期末时统计平均分数甚至计算到了小数点

以后两位数,大家都积极为了分数而奋斗。

那时交通大学的多数学生分成"北师大附中派"和"江苏扬州中学派",都是出类拔萃的尖子,在学习成绩上相互竞赛,各不相让。就像划船比赛一样,这次"北京派"领先,下次"扬州派"则誓要获胜。

初入交通大学的钱学森,对这里的"分数战"虽然不太满意,但是他不甘落后,每次考试都要求自己非考90分以上不可。

钱学森自小就养成了良好的习惯,所以,这时他的考卷总是书写得整洁、漂亮,连等号都像是用直尺画的一样。无论中英文都写得秀丽而端庄,得到各科老师的交口称赞。如今,西安交通大学档案馆保存有1933年国立交通大学机械工程学院三年级第一学期的学生成绩单、当年钱学森的《水力学》试卷。

在这张已经发黄的学习成绩单上,记载了包括钱学森在内的二十二名学生九门专业课的成绩,从中我们可以一窥当时交通大学学生的学习情况。其中,注册号数(学号)为469、排列在第二个位置的即是钱学森的成绩:

电机工程96分,电机实验94分,热力工程材料92.7分,机械计划97分,热力工程89分,机械实验90分,机械计划原理90分,金工实习86分,工程经济84.2分,平均成绩90.44分。

同时,大多数学生的成绩都在70分左右,90分以上的成绩是凤毛麟角。由此可见,钱学森的成绩绝对是数一数二的。其实,在上海交通大学1934年1410卷档案中也有记载:在"过去五年成绩最优之毕业生名单"中,钱学森赫然在列。

关于这张《水利学》试卷,还有一段鲜为人知的师生间严谨治学的佳话:

1932年,在一次水力学考试中,钱学森答对了所有的试题,水力学老师金悫教授也在试卷上全部都打上了对号,给出了满分100分的成绩。

然而,判卷发下来之后,钱学森自己却发现了一个不起眼的小错误:在公式推导的最后一步,他将"Ns"写成了"N"。没有丝毫犹豫,钱学森马上举手示意,向老师指出了其中的错误并退还判卷,主动要求老师扣分。金教授拿过试卷一看,果然这个小错误被忽略了,于是他扣掉4分,将成绩改为96分。

金教授感动于钱学森的坦诚和对学问的严谨,他将这份难得的好试卷珍存起来,一直到临终前捐献给学校档案馆,成了学校的一份珍贵历史档案。

几十年之后,这份考卷在1996年上海交通大学的百年庆典上,还曾被特别展示了出来。

在交通大学学习期间,钱学森特别感激两位倡导把严密的科学理论与工程实际结合起来的老师:一位是工程热力学教授陈石英,一位是电机工程教授钟兆琳。钱学森还曾经专门写了一篇《战斗在第二线》的文章,热情赞颂钟兆琳,感谢他的教导。

交通大学严格而又充实的大学生活,是钱学森人生中的重要经历,留给他非常深刻的印象。后来,钱学森在回忆起那时的情景时曾激动地说:"我要感谢那时的老师们,他们教学严、要求高,使我确实学到了许多终生受益匪浅的知识。"

在交通大学的时候,图书馆几乎是钱学森每天必去的地方,一是为读报;二是去看书。对图书,尤其是科技类图书,钱学森可以说是如饥似渴,涉猎非常广泛。比如,讲发动机原理、蒸汽机车、飞艇、飞机的书他很爱看,讲航空理论、飞机机翼气动力学理论、火箭技术等方面的书他也读了不少,这些对他后来的研究工作都起到了非常好的基础性作用。

坐在图书馆里,钱学森会在几本相关的书上找它们之间的内在联系,试图发现它们之间的关联点。加上钱学森对自己的要求一直很高,通过课堂上老师的教导,课下在图书馆的自我学习,钱学森的科技专业知识有了质的飞跃。

从这时起,钱学森与图书馆结下了不解之缘。很多图书馆都留下了他孜孜不倦、博览群书的身影。他坦言,图书馆对他的教育成长、科研工作都起了很大的推动作用。后来,钱学森在给上海交通大学百年校庆的书面贺信当中,深情地回忆:"……可以毫不夸张地说,从一定意义上讲,没有图书馆和资料馆,就没有今天的钱学森。"

在家庭环境熏陶下,钱学森从小就是个音乐爱好者,大学时期的他则是一个优秀的圆号乐手。1932年11月,在袁炳南同学的筹备组织下,交通大学管弦乐队正式成立,钱学森便是其中的十一名成员之一,负责演奏圆号。管弦乐队聘请了一个德国人作为指导老师,每周二、周四下午都会聚集在音乐室练习。

20世纪30年代的交通大学,虽然学业非常繁重,但课外的竞技、演讲、各种学生艺术社团活动依然搞得如火如荼,甚至在很多校际的竞赛中都获得了很好的成绩。这样的社团活动能够让学生在紧张的学习生活之余放松身心,也利于发展学生的兴趣爱好,培养不同的素养,因此学校也鼓励大家积极参与。

钱学森从小接受良好的家庭文化和艺术教育,中学时就喜欢音乐、绘画、书法等,擅长吹口琴。在进入大学以后,多才多艺的钱学森,根据自己的特长先后加入了几个音乐艺术社

团,其中军乐队成员名单、学生会管弦乐队成员名单、雅歌诗社成员名单、口琴会名单上都有他的大名。

那时候,钱学森还经常到上海市区听交响音乐会,特别是得到奖学金以后,就会暂时抛开紧张的学习,自己放松一下,欣赏一些高水平的音乐演出。后来,钱学森与身为音乐家的蒋英情投意合,结为夫妇,被誉为科学与艺术的天作之合。而关于音乐的重要意义,用钱学森的话来说就是,美妙的音乐能带给他科学思维的灵感。

1930年暑假,钱学森得了伤寒病,此后休学了一年。这一年,钱学森丢开繁重的学业,在家中潜心修养。日日面对着西湖澄清碧透的秀水,他自豪地想道:"世界上最美好的风景,就在我的故乡!"堤岸蜿蜒的石子小路、随风飘拂的垂柳、树梢雀跃的小鸟,相得益彰。钱学森在这里感受到了小小生灵的无穷活力,深刻体悟了人与自然的融合,感悟到了生命的静美与辉煌。

在这一年里,钱学森第一次接触到科学的社会主义。因为非常爱好美术,他在书店买了一本关于艺术史的书,未承想到这本书是一位匈牙利社会科学家用唯物史观的论点写的。钱学森从来没有想到对艺术也能够进行科学的分析,立即地,他便对这一理论产生了极大的兴趣。接着,他有目的地读了普列汉诺夫的《艺术论》,以及布哈林的《唯物论》等书,又看了一些西洋哲学史,也阅读了胡适的《中国哲学史大纲》。

1931年秋,钱学森回到交通大学继续他的大学生活。刚返校不久,震惊中外的"九一八事变"爆发。对中国觊觎已久的日本帝国主义,制造事端,把魔爪伸向了东北三省。国民党政府推行不抵抗主义,仅百余日东北三省就全部沦入敌手。

"九一八事变"发生后,在全国范围内掀起了抗日救亡的群众运动,特别是代表祖国明天的青年学子更是把挽救民族危亡作为己任。很多大学生勇敢走出象牙塔,纷纷走向街头游行示威,甚至还有大批学生去向南京政府请愿。

不料,蒋介石在南京制造了上海学生"自行落水"的惨剧,这进一步激怒了学生。于是,上海有更多的学生行动起来,高呼"抵制日货""将日寇赶出东北三省""反对投降,反对不抵抗主义"的口号,走向闹市、码头,去向群众宣传,发动群众联合起来。

1932年1月28日,日军进攻上海,这就是"一·二八事变"。日军飞机对上海市区进行了狂轰滥炸,商务印书馆、东方图书馆均被炸毁,数十万册珍贵图书毁于一旦。日军飞机造成的巨大破坏,给钱学森留下了深刻印象。

当时驻守上海的第十九路军,在全国人民抗日高潮的推动下,奋起抵抗,开始了淞沪抗战。上海的工人、学生、市民,全力支持军队抗敌,沉重地打击了日寇的嚣张气焰。再加上

第五军军长张治中率部驰援,淞沪抗战一直坚持了一个多月,日寇死伤万余人。可是,南京国民党政府却坚持不抵抗政策,拒绝援助抗日将士,扣押各地捐献的物资,使日寇有机可乘。3月1日,日军在太仓、浏河登陆,十九路军腹背受敌,被迫撤出上海。2日,淞沪陷落。3日,停火。

在英、美、法、意等国的"调停"下,5月5日,国民党政府与日本侵略者签订了丧权辱国的《淞沪停战协定》,宣布上海为非军事区,然而日本军队却留在了上海。

钱学森当时也加入了学生运动中,他虽然不是骨干分子,却非常活跃。国家弱小而被欺凌侵略,统治者消极无能,爱国志士仁心热血,这血和火的洗礼令钱学森对社会、民族、国家的认识更深刻而具体了。

父亲钱均夫得知钱学森也加入了上海学生抗日救亡运动时,虽然担心儿子的安全,但并没有劝阻,而是写信提醒他要讲究策略、注意安全。

母亲章兰娟对此放心不下,时时忧心不已,钱均夫劝慰她:"孩子已经长大成人了,应当大胆地让他到社会的风浪中去闯荡,让他知道当今社会上的一切弊端,更好地从多方面认识社会,激励自己,努力读书,来报效国家。"

就是在这个时候,钱学森开始接触共产党的外围组织,多次参加小型讨论会,从那里他得知红军苏区的存在。小组的领导人乔魁贤是当时交通大学数学系的学生,小组里还有交通大学的袁轶群等积极分子。后来乔魁贤被学校开除,钱学森与小组的联系也渐渐地中断了;失掉与共产党外围组织联系的钱学森,曾一度感到十分迷茫。

好在钱学森周围还有很多好朋友,他们经常在一起读书、讨论问题。当时,与钱学森很要好的朋友有罗沛霖、茅于恭、林津、熊大纪、郑世芬等,大家经常互相传阅一些早期介绍马列主义的著作,阅读学习后就聚在一起讨论。

此外,钱学森还接触了美国哲学家威廉·詹姆斯的实用主义哲学,以及英国哲学家、数学家、逻辑学家罗素的许多作品。罗素说:"哲学可以使我们的眼光放宽、思想开阔,并且使我们思想从世俗的压制下解脱出来。它使我们永远不满足于常人、科学家的知识,而是积极去探求更高的知识。"罗素的这一精辟论述,使钱学森和他的朋友们更加懂得了学习哲学的重要意义。

1932年寒假,钱学森回到杭州,与表弟李元庆有了较多的联系。李元庆是学习音乐专业的,钱学森也酷爱音乐,两人志趣相投,很快就成为无话不说的好朋友。深入接触后,钱学森认识到,李元庆不仅擅长音乐,还有着广泛的艺术兴趣、很高的政治热忱,比如他非常敬重鲁迅,积极拥护上海"左翼"文艺运动,而且对国内的政治时局也十分关注。

在一个夜晚,钱学森和李元庆围坐在炭火盆边,大声朗读歌德的《浮士德》,那气势磅礴的诗句、深邃的哲理,令钱学森感奋不已。

钱学森记得当时表弟很认真地对自己说:"作为一个有知识的中国青年,除了要懂得李白、杜甫和鲁迅外,还要了解西方的一些优秀文学作品。因为中国总不能这样闭锁下去,迟早是要走向世界的。"

这个极有政治远见的青年,不仅高瞻远瞩地期待着中国美好的未来,还用他的一腔热忱激励了钱学森同样的爱国情怀。

1933年暑假,钱学森再次从学校回到杭州。他几乎每天都与表弟在一起阅读学习,散步漫游,讨论时事。此时,日本侵略军已经将贪婪的目光转向华北大地;可是,国民党南京政府对此却毫无防范。钱学森和表弟为此感到非常气愤,这也更激发了他们的爱国主义情怀。从报纸、新闻等途径了解了更多发生在神州大地的血泪教训,他们认识到了飞机、制空权在现代战争中的重要价值,国家安全离不开强大的空军。

此时的钱学森,决心毕业之后出国留学,将来做一名优秀的飞机设计师,为祖国国防建设贡献绵薄之力。

考取公费留美生

1934年暑假来临之前,钱学森走到了他人生中的又一个十字路口,因为这时候他面临着毕业后选择职业的问题,这是他人生中的第二次重大选择。

在四年前,钱学森选择了交通大学机械工程学院铁道专业,他的想法非常简单:认真学习,毕业之后做一名杰出的工程师,设计、制造出大量的火车,发展国家的交通事业。

但是,世易时移,在钱学森读大学期间,中国社会发生了太多预想不到的变化。随着接触的东西愈来愈多,钱学森对社会现象的认识变得更加深刻,特别是有关国外先进科技的信息传入中国,更是让他大开眼界。

20世纪30年代,各种科学快速发展。尤其是当时的美国,已成为世界科学技术中心,是全球头号经济强国。美国之所以能够后来居上,很大程度上得益于他们率先实现了电力技术革命。钱学森通过了解发现,在美国科技的高速发展过程中,汽车、飞机、无线电这三大方面的技术,起着非常重要的作用。令钱学森最感兴趣的,是美国的航空工业。

1903年,美国的莱特兄弟在滑翔机上安装了汽油发动机试飞成功,标志着人类即将进入航空时代;1918年,美国开辟了从纽约到芝加哥航线;到20世纪30年代初,美国已经成功制造DC3-7号螺旋桨客机并投入使用,自此美国的航空工业一直在世界上遥遥领先。

这时,钱学森意识到,火车虽然重要,然而已经落后于时代;要使国家能够强大起来,作为新一代中国知识青年,必须掌握世界上最先进的科学技术。于是,钱学森下定决心,要到美国去取经,向美国人学习最先进的科学技术。

1934年7月,二十三岁的钱学森从交通大学机械工程学院铁道门毕业后,以优异的成绩考取了清华大学留美公费留学生,被指派学习航空专业。这是一门新兴的足以富国强兵的工业技术,父亲钱均夫非常支持儿子的选择,因为"实业报国"是他的夙愿,他很高兴儿子能够有机会去实现它。

为了能提高出国深造青年的专业水平,主持招考工作的叶企孙教授特意安排钱学森到清华大学进修一年航空专业知识。校方还为钱学森安排了两位老师,都是当时航空领域的专家,其中一位是中国早年的航空工程师、设计制造了中国第一代飞机的王助,另一位是清华的王士倬教授。

王助先生,字禹朋,毕业于美国波士顿麻省理工学院航空工程系。当年威廉·爱德华·波音先生建立的美国太平洋飞机制造公司（波音公司前身）还处于初创阶段，就聘请了王助、巴玉藻为公司的首任总设计师。他们俩是托起波音帝国的华人工程师，为波音公司的快速崛起、辉煌成就作出了很大的贡献。1917年底，他们俩和许多同学一起回国，到马尾船政局（又名福州船政局）工作。他们俩参与创建了海军飞潜学校（中国第一所培养飞机、潜艇制造专业人才的学校）、海军飞机工程处（中国第一个飞机制造厂）。

王士倬教授，也是中国航空工业界的先驱。他曾任航空机械学校教育长、芷江第二飞机修理厂厂长、航空工业局副局长等职务，在1934年设计了中国第一个风洞。

这两位导师均是爱国知识分子，他们不仅注意引导钱学森重视航空工程实践、探索制造工艺，也很注意引导这位即将留学海外的学生全面了解祖国，强化爱国精神。他们在课程中穿插讲述了不少关于我国在航空领域探索的科学史话，使得钱学森深受启发。

经过半年的航空工程专业知识补习后，钱学森被安排参加了一些航空工程的实践活动，他先后到杭州笕桥机场、南京国民党空军飞机修理厂等地实习。

在杭州笕桥机场，钱学森第一次看到了停机坪上的飞机，那是两架从法国购买的"布莱盖"飞机。在南京国民党空军飞机修理厂，以及后来去的南昌飞机修理厂，他又看到六架

美国制造的"寇蒂斯"飞机，它们是由当年孙中山领导的中国同盟会美洲总部用海外华侨募集的捐款购买的。在简陋的条件下，"布莱盖"和"寇蒂斯"成了钱学森最初了解、解剖、修理飞机的宝贵实物。

在实习期间，钱学森依旧不忘潜心研读航空科学，他先后发表了两篇很有见地的论文，第一篇是1935年1月发表在《航空杂志》第五卷第一期的《气船（飞艇）与飞机之比较及气船将来发展之途径》，第二篇是1935年7月发表在《浙江青年》第九期的《火箭》。这两篇学步之作中的一些观点虽然受到当时科技发展水平的制约，然而足以体现钱学森强烈的探索欲望、创新意识。

1935年，钱学森赴美留学之前去拜访了他的导师王士倬教授，王教授谆谆告诫钱学森：

你要记住，不论以后走到哪里，都不要对自己的祖国说三道四。要知道，不论哪一个国家的人民，都把自己的祖国奉为至尊。祖国富强，人民光彩；祖国落后，我们脸面无光。当然，一个人能够对国家当局批评指点，这是另外一回事儿。祖国是母亲，儿子是不能嫌母丑的，更不能去骂亲娘。在我们国家，谁要是打爸骂娘，不管他是什么人物，他就会马上遭到舆论的谴责，被孤立，变成臭狗屎。这是谁也难以改变的道德意识。因此,我们称中华民族为优秀民族,这是一个重要特征。

钱学森被导师的一席话深深地感染了,他时刻不忘维护祖国的尊严,其后更是为了祖国更好的发展奉献了一生。

在钱学森准备出国期间,钱均夫的老朋友——当时已定居上海的蒋百里——考虑到钱学森走后钱均夫夫妇俩无所依傍的境况,就写信邀请钱家一起到上海定居,并表示会安排好居所等琐事,于是钱家就又从杭州迁到了上海。

说起钱均夫蒋百里这对老朋友,他俩同年出生,1899年在杭州求是书院读书时以文字互契而结交。后来蒋百里东渡日本留学,每逢节日,钱均夫总会抽空前往海宁探望蒋母,代替老友尽一份孝心,一直坚持到他也赴日留学为止。

蒋百里一直就很欣赏钱学森这位好友家的聪慧后辈,在钱学森出国之前,蒋百里携带家人来到钱家相聚,也算是为他饯别。蒋百里当时对老友钱均夫说:"学森此次赴美留学深造,我非常赞同。中国要建立自己的强大国防,应当发展航空工业,装备强大的空军。然而,中国非常缺乏这方面的人才。"

钱均夫点头称是,叹了口气说道:"当年我曾经笃信教育兴国,但是后来的情况证明,我的主张不能实现。照目前的国情看,单纯搞教育无法兴国啊!"

也是这一天,蒋百里的女儿蒋英送给钱学森一本唐诗,还为他弹了一首莫扎特的D调奏鸣曲。纯真的情愫在年少的两颗心之间潜藏发酵,蒋英后来回忆说:"当时虽然小,但是已隐约感到与钱学森有了一点情意。"

钱学森临行之际,父亲提醒他,除了在国外攻读专业之外,也不要忘了多读一些有关中国传统文化的书。父亲还特意购买了《论语》《老子》《庄子》《墨子》《孟子》《纲鉴易知录》等让儿子带上。钱均夫认为,熟读这些书籍,可以对祖国传统的哲学思想摸到一些头绪。钱均夫意味深长地告诉儿子:"任何一个民族的特性和人生观都具体体现在它的历史中。因此,精读史学的人往往是对祖国感情最深厚、最忠诚于祖国的人。"

与父亲送的典籍不一样,母亲章兰娟给钱学森的临别礼物,是她亲手绣上了荷花与红叶的两块白丝手绢,那是钱学森最喜爱的图案。

1935年8月,钱学森恋恋不舍地告别了母亲,在父亲的陪伴下来到上海黄浦港码头,登上了"杰克逊总统号"美国邮轮。

轮船的汽笛长鸣了一声,到告别的时候了。钱均夫依依不舍地走出船舱,钱学森紧随父亲走向船舷。钱均夫眼含热泪,转身看向儿子,面前这个已经足够高大的身影是他的独生子。为了祖国,为了儿子自己,钱均夫必须割舍掉个人的情感,放手让儿子去更广阔的天地翱翔。

钱均夫伸手拍了拍儿子的肩膀,接着从衣服口袋里拿出早已写好的纸条,塞进儿子手里,哽咽着说道:"这就是父亲送给你的礼物。"说罢,他快步走下舷梯。轮船启动了,钱学森眺望着父亲渐渐远去的身影,一直到看不见为止。这时,他才打开手中攥紧的纸条,只见上面这样写着:

  人,生当有品:如哲、如仁、如义、如智、如忠、如悌、如孝!吾儿此次西行,非其夙志,当青青然而归,灿灿然而返!

  乃父告之

钱学森读完纸条已是泪流满面。他坐在船上,回忆着父亲长久以来的言传身教、临别之际的谆谆教诲,在心里默默地对父亲承诺:"亲爱的父亲,您的教诲,儿子终生难忘,我一定不会让您失望的,您老人家尽管放心吧!"

当时,与钱学森同船前往美国留学的同学,有夏勤铎、徐芝纶等。这一群有志青年,正是意气风发的最好年纪,怀揣学成报国的宏大志愿,驶向大洋彼岸。纵使前路艰难,他们也无所畏惧,勇往直前。

第二章
留美二十年

为祖国努力学习

经过二十多个日日夜夜的海上颠簸,钱学森终于到达了美国,进入麻省理工学院航空系,攻读硕士学位。早在出国前夕,钱学森就与同窗好友戴中孚约定:"掌握技术,报效祖国。"也就是说,钱学森走出国门,并非为了个人的锦绣前途,而是心怀祖国,为了国富民强而远渡重洋去求学的。正如钱学森自己所说:"我到美国去,心里只有一个目标,就是要把科学技术学到手,而且要证明我们中国人可以赛过美国人,达到科学技术的高峰。这是我的志向,是我留学的最终目的。"

麻省理工学院,坐落于美国东北部的马萨诸塞州剑桥市的查尔斯河畔,风景秀丽,环境幽美,校园建筑古朴肃穆,尤其是达尔文楼、牛顿楼双峰插云,如同两位科学巨擘的学术地位一样,让人仰视。然而,这些都不足以吸引钱学森的目光,他从未有闲情雅致驻足欣赏身边的景象、参观游览各种历史古迹;因为自从踏上这片土地之后,他就一直不停地鞭策自己,要以极大的热情将全副身心都投入学习当中去。

麻省理工学院在科技工程方面是首屈一指的,它的办学

宗旨是："基础科学与应用科学并重，教学与科研相结合，学校教育与社会需要相结合。"它的声誉斐然，拥有众多名师执教，人才辈出，培养出了众多的世界知名科学家、诺贝尔奖获得者、美国国家科学院与国家工程学院的院士。

钱学森很快发现，麻省理工学院的教学方式与交通大学的教学方式形成了鲜明的对比。这里的学习环境非常宽松，注重的是激发学生主动学习的热情、启发学生独立思考的能力。这非常适合钱学森的学习特点，使他在学习上如鱼得水。

很快地，大家便认识了这位优秀的中国学生，虽然他个子不高，有着一双与众人大不相同的黑色眼睛，但他知识涉猎广、反应迅速、思维敏捷。

尤其是钱学森当时的数学老师，对他的数学才能感到非常吃惊。钱学森对抽象概念的理解力、进行逻辑推理的能力，以及解决问题的技能、技巧等，都超出一般同学很多。大家惊叹，麻省理工学院来了一位中国的高才生。

随着时间一点一点地过去，钱学森对知识的了解也在不断深入，他越来越认识到，在美国这个科技发达的国家里，要学习的东西简直太多太多了。他强烈的求知欲、民族自尊心，以及大洋彼岸在风雨中飘摇的祖国，无时无刻不在鞭策着他，使他不敢有丝毫懈怠。

在班级里，钱学森总是学习最勤奋刻苦的那一位；他深知,知识无穷,但时间有限,所以不能浪费一分一秒。有一年圣诞节,一个犹太学生在大家都出去玩时去教室学习,他满心以为这个时候教室里不会有别人,就把收音机打开,一边听广播一边看书。不料,才过了一会儿,就有人在隔壁敲墙了。这个犹太学生十分纳闷,是谁呀?竟然还有人在圣诞节也来学习?他走到隔壁一看,见到的就是钱学森认真的身影。钱学森提醒他:"你的收音机声音太大了,影响我了!"原来,在这个犹太学生来学习前,钱学森早已经在这里学习了相当长的时间。

付出总有回报,钱学森的学业成绩在班级里也是最突出的。有一次,有位教授给学生出了一道非常复杂的动力学题,大家都做不出来。一位中国留学生叶玄听人说起钱学森非常聪明,就拿着题目去请教了。钱学森看完题后,做了一个巧妙的转换,把这一复杂运算变成了一个简单的代数问题,这道题就迎刃而解了。叶玄后来留在美国从事科研工作,1989年他回国时再一次见到钱学森,回忆往事仍十分感慨:"这么复杂的运算,到您手里如何便变得那么简单了?"钱学森淡然一笑说:"那算不得什么,只不过是小技巧。"

还有一次,一个教授出了一些偏题怪题考学生,导致很多人都不及格。这些学生认为教授是有意令他们难堪,一气之下就聚集起来,准备去这位教授那里讨一个说法。当到达

教授办公室门口的时候,他们非常惊讶地发现,门上已经贴了一张答卷,这张卷子不仅答案全对,而且卷面还十分整洁,甚至没有一处修改、涂抹的痕迹,这就说明卷子的主人不仅会答,而且解答起来毫不费劲,一气呵成。看着成绩栏里醒目的"A+++",一众准备闹事的学生偃旗息鼓,他们已经不好意思再去找教授评理了。而那张媲美标准答案的试卷,就是钱学森的。

在美国求学的日子里,钱学森在学习上游刃有余,但在生活上却有些不习惯。尤其是很多美国人惯常瞧不起中国人,每每态度轻视、语气傲慢,这使钱学森非常愤慨。

有一次,一个美国学生当着钱学森的面耻笑中国人抽鸦片、裹脚。"是可忍,孰不可忍!"钱学森当即爆发,向美国学生发起挑战:"作为一个国家,现在我们中国确实是比你们美国落后;可是作为个人,你们谁敢跟我比一比?"听到这话,周围的美国学生先是吃了一惊,然后便知趣地走开了,竟没人应下钱学森的挑战。自此,大家再也不敢轻视这位来自中国的留学生了。

就是怀着这样一颗强烈的民族自尊心,钱学森只用了一年的时间就拿下了航空工程专业的硕士学位。戴上麻省理工学院硕士方尖帽的1936年,钱学森还不到二十五岁。

当时,像钱学森一样的优秀中国留学生的种种事迹,或多或少改变了一部分美国人对中国的看法,同时也激励了更多中国留学生努力上进,维护祖国尊严。他们认识到,尽管中国十分贫穷,经济也非常落后,然而中国留学生的学习基础、领会能力并不比美国学生差;中国学生的勤奋好学精神、学习的目的性,则远远超过了美国学生。一种强烈的民族自尊心、自豪感,牢牢地占据着留学美国的中国学子的心。

1936年钱学森获得硕士学位后,按美国麻省理工学院的办学理念,各专业学科的学生均要在学期内到对口的工厂、科研部门实习,这意味着钱学森也必须去飞机制造厂实习。然而,他没有料到的是,美国的飞机制造厂只准许美国学生去实习,不接纳外国学生。一个标榜民主、自由、平等、博爱的国度,居然存在着如此严重的民族歧视、排外思想。钱学森更深刻地体味到了国家弱势所要承受的屈辱,这是他的民族自尊心所不能容忍的。

但是,挫折和困难并不能动摇钱学森为祖国强盛而发愤学习的决心:既然学习航空工程走不通,那么就改学航空理论。经过多番思考,钱学森决定大胆地毛遂自荐,转投美国加州理工学院的冯·卡门教授——世界航空理论权威——门下学习。

钱学森将自己决定改学航空理论的事写信告诉了父亲,

希望能得到父亲的支持。然而,父亲的回信中却对他的这一想法明确表示了反对,回信写道:

> 重理论而轻实际,多议论而乏行动,是中国积弱不振的一大原因。国家已到祸燃眉睫的重要关头,望儿以国家需要为重,在航空工程上深造钻研,而不宜见异思迁……

其实钱均夫一直是一位极具现代意识的开明父亲,他对钱学森的选择是尊重的,只不过当时中国国内的局势已非常不好,他对钱学森将来的择业不能不有所考虑。

继1931年"九一八事变"中国东北被日本帝国主义占领后,日本侵略者对中国步步紧逼,把侵略魔爪伸向了华北地区。身为爱国知识分子的钱均夫,目睹祖国山河破碎、民族危亡,更是食不知味、夜不安枕。他迫切希望儿子能学成归来,多造飞机,抗击日寇,报效祖国。这时候钱学森却突然写信来告知要改学航空理论,钱均夫在大惑不解之下自然持反对意见。

这一年,正好蒋百里要到欧美国家考察,其主要任务是了解有关国家对德国、意大利、日本的侵略野心、侵略行为有何看法,以及可能采取怎样的对策。在处理好欧洲的事务之后,蒋百里转道美国,他特地安排了时间去看望了钱学森。蒋百里此行的目的,首先是作为世交长辈,他始终关怀着钱学森的发展前程;其次也是受好友钱均夫委托,去了解钱学森改学航空理论的详细情况,并尽力做些说服工作。

蒋百里见到钱学森后,两人进行了一次倾心畅怀的长谈。其实,在美国的这一年多时间里,钱学森的进步是很明显的,他考虑问题的深刻、周密,已经远远超过了同龄人;他在决定做什么事的时候,也都是经过深思熟虑的,知道为什么要这么做、应该怎么去做。

通过交谈,蒋百里也很快意识到钱学森的进步,他让钱学森尽管阐述改学航空理论的想法。钱学森就对他分析道:

> 西方国家航空工业十分发达,中国工业基础薄弱,如果从事飞机制造业研究,很难超过西方国家;而掌握了航空理论则能够实现跨越式发展,才有超越西方的可能。

联想到自己在欧洲的考察经历,蒋百里认为钱学森说得非常有道理。他再一次觉得,眼前这个年轻人真是志向远大,将来前途必定不可限量!于是,他给了钱学森一颗定心丸:"我非常赞同你的想法,你只管在这里好好求学;至于你父亲

那里,相信我会说服他的。"

回国后,蒋百里立即把钱学森的情况转述给钱均夫。在谈及钱学森改学航空理论的问题时,他结合自己出国考察的观感,直率地批评了老友:

> 你忽视航空理论,是一个错误。按照英、德两国航空工业发展的新趋势,工程与理论早已经一体化了,工程是跟着理论走的。而且,美国是一个富国,中国是一个穷国,美国造一架飞机如果有新的设想,能够立刻拆下来重新修改改造;中国限于财力物力,不可能有这么大的气魄。因此,中国人学习航空工程,更应当在理论上多下功夫!

自然,蒋百里的一番话将钱均夫说服了。钱均夫毕竟是眼界开阔的现代知识分子,一经挚友点拨,他很快从心底理解了儿子的意愿。就这样,钱均夫对儿子在美国的学习更加支持了,绝对信任儿子,相信他一定能学有所成、为国效力。

成为冯·卡门的门生

1936年秋天,钱学森飞往美国西部的加利福尼亚州的洛杉矶,来到加州理工学院。它同样是美国著名的理工科大学之一,有着最负盛名的力学、航空动力学研究中心。享誉世界的"超音速飞行之父"、著名力学大师冯·卡门就在这里任教,钱学森是慕名前去求学的。

钱学森多番请求面见冯·卡门教授,要求与他进行一次谈话,当然这并不容易,因为他实在是太忙了,不可能去见每一个想见他的人。不过,他听说有一个中国学生要求同他简短会话,而这个学生并非本学院的,是刚从麻省理工学院获得硕士学位后飞过来的,他想这个中国学生一定有什么特殊的情况需要他的帮助,于是在百忙之中挤出时间接见了钱学森。

钱学森来到冯·卡门办公室,因为面见的是自己景仰的大师,他略有些局促,但英语讲得很流利。他首先对冯·卡门教授能破例接见他表示了感谢,而后,他谦恭地说:"尊敬的先生,我是从麻省理工学院来的。我想由航空工程转学航空理论,也就是力学。请您告诉我,我的想法正确吗?"

冯·卡门教授听完这个年轻人的诉说,深感惊喜,因为在他看来,一个进行技术工程研究的年轻学者不满足于现有的专业知识,能够感悟到理论的重要性,这正是有远大志向的表现。

为了了解钱学森的专业功底,冯·卡门教授提出了一系列的问题,钱学森都对答如流,而且反应敏捷,回答非常准确,这让冯·卡门赞叹不已。他用惊讶的目光注视着这位头脑清晰、才华横溢的中国学生,很高兴地答应了钱学森希望攻读博士学位的要求,愿意破格录取他为自己的博士研究生。后来,冯·卡门回忆他同钱学森的这次会面时曾说:

> 1936年的一天,钱学森来看我,征询关于进一步进行学术研究的意见。这是我们的第一次见面。我抬头看见一位个子不高、仪表严肃的年轻人,他非常准确地回答了我所有的问题。他的思维敏捷和富于智慧,顿时给我以深刻印象。我建议他转到加州理工学院来继续深造。

钱学森在回忆起这次有决定意义的会面时,对冯·卡门教授亲切的话语也记忆犹新:

> 钱先生,希望你到加州来,到这里来。你在这里可以

得到你所需要的知识。我相信我们的合作将会非常好。

显然,冯·卡门是一位慧眼识英才的伯乐。他带着赏识之心接纳了钱学森这个聪明而富于潜力的学生,使钱学森跨出了人生道路上关键的一步,改变了其生命轨迹。

钱学森对冯·卡门敬佩不已,他不止一次地写文章表达对这位科学大师的感激之情,曾有一段这样写道:"我师从全世界闻名的工程力学和航空技术的权威冯·卡门。他是一位使我永远不能忘记的恩师。"

就这样,千里马得遇伯乐,冯·卡门、钱学森开始了相差整整三十岁的师生之间的友谊、合作。在其后的十多年里,两人教学相长,亲密无间,合作融洽。

下面,我们对冯·卡门也做一个详细的介绍:

冯·卡门是匈牙利犹太人,他精力充沛、性格开朗,既擅长辞令,又富有幽默感;而且他阅历很广,到过世界上许多国家,与世界上很多大科学家都有密切交往。

冯·卡门被誉为"航空航天时代的科学奇才"。作为航空和航天领域最杰出的一位元老,他漫长的科学生涯很具传奇色彩。

1906年,冯·卡门到德国的哥廷根大学深造,他跟随"现代空气动力学之父"普朗特教授研究材料力学,又与德

国物理学家玻恩合作钻研晶体原子结构模型,还曾受到德国数学家希尔伯特、克莱因等的熏陶。1908年,他又去了法国的巴黎大学学习。

在20世纪的头十年里,飞机刚发明不久,莱特兄弟试飞成功的消息一经传到欧洲,便在欧洲——特别是法国——掀起了一股"飞行热",涌现出一批不屈不挠的航空先驱,法尔芒就是其中的一位。

1908年的一天,冯·卡门在巴黎目睹了法尔芒又一次打破纪录的飞行。飞行结束后,冯·卡门奋力从人群中挤过去,与眼前这个飞行家展开了一场精彩的对话。

冯·卡门问法尔芒:"我是研究科学的。有一位伟大的科学家用他的定律证明了比空气重的东西是绝对飞不起来的,怎么……"

法尔芒幽默地回答:"是那个研究苹果落地的人吗?幸好我没有读过他的书,不然今天就不会得到这次飞行的奖金了。我只是个画家、赛车手,现在又成了飞行员。至于飞机为什么会飞起来,不关我的事,您作为教授,应该研究它。祝您成功,再见!"

在回家的路上,冯·卡门坐在疾驶的车里陷入沉思,不久,他像是告诉车里陪同的记者,又像是在自言自语:"看来伟人的话也不一定都对。现在我终于决定我今后的一生该研究什么了。"

于是,在1908年秋天,冯·卡门又回到哥廷根大学。这一次,他有了更加明确的学习、研究目标。他连续做了三年编外讲师,他在应用风洞解决流体运动问题的过程中,对风洞的兴趣与日俱增。在那激动人心的岁月里,航空的冒险活动、实验室的重大科学发现正齐头并进,冯·卡门的注意力已逐渐转移到了航空科学上来。

1914年第一次世界大战爆发后,冯·卡门被征入伍。1918年战争结束后,他回到德国,在亚琛工业大学做航空系教授。

经过1912—1929年这十多年的探索实践,冯·卡门逐渐成为航空科学界的权威人物,享有极高的荣誉和地位。

1930年,冯·卡门应邀前往美国讲学。1933年希特勒上台后,大肆对犹太人施行政治迫害,冯·卡门已经不可能再返回匈牙利,于是他决定留在美国继续他的学术事业,并于1936年加入美国国籍。

冯·卡门在加州理工学院主持组建了世界上第一个航空系,他也是第一个从理论上说明人类实现超音速飞行可能性的科学家,并主持研制成功第一架超音速飞机,从而摘取了"超音速时代之父"的桂冠。

冯·卡门还是一位出色的教育家。作为一名教授,他讲

课条理分明,富有想象力,教学效果很好。他从来都是以智慧论才,从不以民族、肤色论等,他的学生当中有美国人、欧洲人,也有中国人、日本人、印度人等。其中,中国学生就有钱学森、钱伟长、郭永怀、林家翘等,他们都成长为著名科学家。

冯·卡门接收许多外国学生的行为,引起美国某些官员的强烈不满。有一次,一位美国议员到加州理工学院视察,当看到冯·卡门身边有这么多外国人时,顿时不高兴了,直接质问道:"卡门教授,你为什么招收这么多外国学生,而不多招收几名美国人?"

冯·卡门一听这话也非常不高兴,干脆回敬说:"议员先生,难道你让我专门招收美国土著印第安人吗?"一句话就让这位议员张口结舌,无言以对。

冯·卡门的话说得既幽默,又尖刻,他的潜台词是,如果严格论起来,连你这位议员先生也是外国移民,印第安人才是"真正的"美国人呀!

在钱学森通往成功的道路上,导师冯·卡门的帮助功不可没。从1936年入其门下开始,此后的十多年,钱学森都在冯·卡门教授的直接指导下学习和工作。

冯·卡门不仅教给钱学森从工程实践中提取理论研究对象的原则,也教会他将理论应用到工程实践中的方法。钱学森从中锻炼了自己分析问题、提炼观点的能力,他在日后几十年的科学研究中,继承性地沿袭采用了冯·卡门的治学精神、学术思想,形成了自己独有的研究方法、风格。

冯·卡门不仅是一位科学大师,而且是一名组织能力极强的社会活动家,他善于与各层面的人打交道。除了一些轻松愉快的聚会之外,他还喜欢参与各领域尖端人才的学术讨论,他和几位举世闻名的大科学家常年保持着友好的往来,这为他的科学研究、工作开展带来不少的便利。这一点对钱学森也有深刻的影响,让钱学森在以后组织领导中国的国防尖端科技研究的时候受益匪浅。

冯·卡门这位世界大师的教学方法也十分独特,他着重启发学生的创新思维能力,而不是根据刻板的教学大纲去灌输学生。他平常极少测验,只是在学期末进行考试。

刚入学的一些学生并不习惯冯·卡门这一套,担心被期终考试这一次成绩的好坏一锤定音,于是就结伴去找他,希望他发给大家一个复习提纲。大家以为或多或少会被导师刁难一番,结果大出所料,他对他们说:"为何只给一个提纲呢?我能够把所有考题都给你们。"

一听冯·卡门如此爽快地答应了,学生们又都不说话了。冯·卡门后来回忆道:"他们一定认为我要么是傻了,要么就是在愚弄他们。于是我立即将考题写在纸上交给了他们。尽管这样,从这些年轻人脸上可以看得出,他们的顾虑并未完全

消除。"

这时候,有一个代表大家意见的学生开口了:"这样不行,要是大家事先知道试题,那么全班都能够获得 100 分了。"

"你们的 100 分是什么标准?"冯·卡门反问道。

"全部题目都答得非常准确。"

"看来我的标准与你们的不一样。"冯·卡门语重心长地对他们说,"因为任何工程技术问题根本没有什么百分之百的准确答案。如果要说有,那则是解决问题、开拓问题的方法。假如有个学生的试卷对试题分析仔细、重点突出、方法对路,而且有自己的创新观点,可是却因个别运算疏忽最后答数错了;而另一个学生的试卷答数虽然正确,然而解题方法毫无创造性。这两种情况下,我给前者的分数会比后者高得多。"

冯·卡门来美国讲学后,他把欧洲哥廷根学派的良好学风也带到了美国校园。他每周主持召开一次学术讨论会,强调学术民主,无论是权威专家还是普通研究生,大家一律平等,都可以畅所欲言,发表自己的学术论点。这对于年轻的钱学森是个很好的机会,极大地锻炼了他的创造性思维。

在一次学术讨论会上,钱学森刚刚阐述完自己的论文,下面便有一位长者站起来提出不同意见。钱学森不同意他的观点,两人一时争论起来,直争得面红耳赤。那位长者可能性子稍有些急躁,辩论到后期被气得身体颤抖,但是执着的钱学森还是据理力争,不依不饶,全然忽视了台下一众吃惊的目光。

讨论会结束后,冯·卡门问钱学森:"你知道刚才给你提出反驳意见的那位长者是谁吗?"

"不知道。"钱学森如实摇头回答。

"他就是大名鼎鼎的冯·米塞斯啊。"

"啊!我的天,原来他就是当代的力学权威冯·米塞斯教授啊!"钱学森惊奇得失声叫了出来。

"假如你知道他是谁,那你还敢进行辩论吗?"冯·卡门教授正色追问道。

钱学森笑着说道:"当然。虽然我不知道他是谁,可是来参加讨论会的,首先他便是一个学者。在学术问题面前应当是人人平等的,这是您一再教导我们的。"

冯·卡门教授高兴大笑,他最赞赏的便是钱学森这种精神。

还有一次,冯·卡门亲身体会了钱学森对于科学问题的探讨究竟有多执着,那是另一次学术讨论,争辩的主角换成了钱学森、冯·卡门。钱学森坚持自己的观点,丝毫也不肯退让,冯·卡门将钱学森的论文稿往地上一扔,气得拂袖而去。

老师走了之后,钱学森平静地从地上捡起论文稿,重新演算验证了自己的观点,他想,下一次见到老师,一定要继续说服他。

所幸,冯·卡门并不是一个为顾面子而忽视科学问题的人。事后,这位世界权威经过思考,认识到在这个问题上他的学生才是对的。于是,第二天一上班,他就亲自去向钱学森道歉:"钱,昨天的争论你是对的,我错了。"冯·卡门教授的博大胸怀使钱学森非常感动,并终生不忘。

加州理工学院还强调理工结合,培养出来的学生既是科学家又是工程师,钱学森就是在这种环境下成长的。钱学森是航空系的研究生,但老师鼓励他学习各种有用的知识,于是数学系的课他也去听。当时数学的前沿课程,比如复变函数等,他都进修了。他还常常到物理系去听课,了解物理学的前沿,如原子、原子核理论、核技术等,当时连原子弹也提到了。还有化学系系主任鲍林(后获得诺贝尔化学奖、诺贝尔和平奖)的结构化学课,生物系摩根教授的遗传学课等,都是钱学森频繁去听的课程。对这位经常到他们那里去听课的外系学生,这些大师们一点儿也不排斥,反而十分欢迎,甚至有些教授还与钱学森成了忘年交。后来钱学森回忆道:

在这里,拔尖的人才很多,我得和他们竞赛,才能跑到前沿。这里的创新还不能是一般的,迈小步,那不行,你很快就会被别人超过。你所想的、所做的要比别人高出一大截才行。你必须想别人没有想到的东西,说别人没有说过的话。

不随大流,敢于想其他人不敢想的,做其他人不敢做的,正是耳濡目染了加州理工学院这种科研创新气氛,钱学森才能有魄力成就以后创造性的伟大事业。

冯·卡门教授非常器重钱学森,他有一句话经常挂在嘴边:

> 世界上有两个最聪明的民族,一个是匈牙利,一个是中国。

那个时候,钱学森研究的课题是高速空气动力学,这是科学领域中最尖端的课题。当飞机飞行速度接近声速时,受到的阻力猛烈增加,支撑飞机的上升力骤然减小,舵面失控,机身、机翼发生抖动现象,这在科学上被称为"声障"。人类若想突破"声障"这一难题,必须从理论、实践入手加以解决;而要攻克这一难题,没有精深的数学、力学基础是难以完成的。

冯·卡门认为钱学森具有惊人的数学才能,因此很看好他的研究,但钱学森总觉得自己的基础还比较差,在国内只学过与工程专业有关的课程,无法适应现代科学技术的要求。于是,钱学森拿出了在交通大学时练就的苦读功夫,开始废寝

忘食地读书,他立志读完全世界现有的力学著作。

整整三个寒暑,钱学森心无旁骛,每天坚持研读12个小时以上。他遍阅空气动力学的文献资料,还对相关的现代数学、偏微分方程、积分方程、原子物理、量子力学、统计力学、相对论、分子结构、量子化学等学科理论进行了深入研究。他力求既掌握空气动力学的基础,又了解这门科学的前沿,时刻为攀登高峰做准备。

钱学森将自己的这种学习方法称为"三年出货",他后来说:"有些年轻人觉得三年出货太慢,很着急,可是做研究工作性急是不行的,基础打得不牢,总是要吃亏的,一定要积下足够的看家老本。"

博观而约取,厚积而薄发,这样的研究方法,钱学森认为是很值得的。因为有了重点突破,才能举一反三,触类旁通,将来再遇新的课题就不需要这么多时间了。就像几年后,钱学森研究航空结构,只用了一年时间便取得了突破性的进展。

钱学森的这套研究方法,在很大程度上得益于冯·卡门教授。冯·卡门在审阅论文的时候,常常是自己事先并没有研究过论文的内容,但他拿到论文之后,先看第一页,然后快速地浏览一遍,再仔细看一下结论,之后当即就能发表自己的意见。刚开始钱学森觉得老师这个能力非常神秘,其实这无非是已经透彻掌握了一门学科的结果,渐渐地钱学森自己也可以这样做了。

在冯·卡门教授的倾心指导下,钱学森苦战三年,他不仅掌握了这门科学的基本知识,而且已经站到了这门科学的最前沿方阵。1939年夏天,钱学森顺利通过了论文答辩,获得了航空、数学博士学位。

师生间的良好合作

钱学森的第一篇论文是《可压缩流体边界层问题》,它转变了人们的认识。长期以来,大家都认为飞行体周围的空气是冷的,钱学森在论文中却指出,在高速飞行状态下,由于摩擦作用,周围空气是热的,这就是后来人们说的"热障"作用。

在1939—1946年,钱学森、冯·卡门教授以合作的名义在《航空科学》《喷气推进实验室报告》《应用力学》等杂志发表了多篇论文。钱学森提出了跨声速流动相似律,并与冯·卡门教授一起最早提出高超声速流的概念。这些在力学领域里所做的开创性工作,为早期飞机在克服热障、声障方面提供了理论根据,为空气动力学的发展奠定了重要的理论基础。

他们俩一直有着良好的合作,早在1938年就曾合作进行过可压缩流动边界层研究,揭示了如下现象:即使一个运动的热体与外界冷空气在某一飞行马赫数时有相当的温度差,对物体的冷却仍逆变为加热,这是由于空气受压缩,温度升高和边界层传热率增加的结果。在此基础上,他们俩还给出了发生这种逆变的马赫数计算公式。

他们俩非常著名的另外一项合作是,1939年推出的"卡门-钱学森公式"。这个公式第一次给出了在可压缩的气流中,机翼在亚音速飞行时的压强与速度之间的定量关系。这是由冯·卡门教授提出命题,然后由钱学森作出表达的结果。

这个公式对空气动力学研究——尤其是对亚音速范围的飞行器的研究——有很重要的意义,因为用它能够比较精确地估算机翼上的压力分布,从而指导各种机翼的设计。

这个公式面世没多久,全世界的空气动力学家均认识到了这项重大科研成果的价值和意义。也是因此,年纪轻轻的钱学森被冠上了"世界著名空气动力学家"的称号。

钱学森在加州理工学院获得博士学位以后,被冯·卡门教授留下当助手。当时冯·卡门教授正在研究解决全金属的薄壳结构的飞机,可是薄壳结构在外压下容易垮瘪失效,当时却没有好的理论可以预测造成失效的临界压力值。于是,他让钱学森接手研究这个问题。

钱学森努力工作,反复推敲,前后写了五份演算文稿。他一而再、再而三地否定自己,每次均是推倒重来,一直至第五次,才觉得满意。这些文稿一共有八百多页,然而最后发表出来的文章却只有十页。

1940年,钱学森在美国航空学会年会上,宣读了一篇关于薄壳体稳定性的研究论文,他在论文中对一系列艰深的问

题发表了极具远见卓识的开拓性观点,引起了与会者的巨大兴趣,受到高度评价。这项独立进行的研究成果,使得钱学森在航空技术工程的理论领域声名鹊起。这个喜人的成果更是激励着他连续地发挥才能,接二连三地攻克理论难题,攀跃上一个又一个科学高峰。

对于冯·卡门和钱学森这对师生,加州理工学院的教授们这样评价他们:

> 这师生两人真是天造地设的一对,他们总是可以不断地提出一些解决难题的创新思维,又可以用一串串数学公式将它们描述出来,使问题获得解决。只要你看到他们在一起,你便会看到创新。

在冯·卡门的回忆录中,他提到了很多学生,但只有他最得意的门生钱学森是作为单独一章写的。

美国科学界人士也普遍认为,每当冯·卡门教授在空气动力学发展中获得成就时,其中必不可少会有钱学森的一份贡献。美国专栏作家弥尔顿·维奥斯特曾经如此写道:

> 最后,钱被公认为是科学上与冯·卡门齐名的人。这两个人,导师和学生,就像一个人一样地工作。冯·卡

门以他的天才赢得了"超音速时代之父"的称号,在空气动力学领域里,他是独一无二的大师,而钱学森的名望仅在他一人之下。每当冯·卡门在几乎每一项空气动力学的发展中作出革命性的发现时,钱总是他必不可少的顾问和合作者。钱显然是冯·卡门雄心壮志与事业责任心的继承者,自从这位老人去世,钱在他的领域里已成为无与伦比的人,但是在向顶峰攀登的过程中,他并不墨守冯·卡门的陈规,而是依靠他自己的独创精神。

关于钱学森对自己学术生涯的帮助,冯·卡门教授坦率承认:"人们都这样说,似乎是我发现了钱学森,其实,也是钱学森发现了我。"因为在冯·卡门眼中,钱学森富于想象力,善于将自然现象中的物理图形直观化,并将这种能力与他的数学天赋很好地结合起来,所以"尽管他还是个青年学生,但已能在一些很难的课题上帮助我澄清自己的一些想法,这样的天才是不多见的"。

冯·卡门教授、钱学森师生之间这种深情厚谊、合作精神,在美国科技界一度被传为佳话。

致力于火箭研究

在加州理工学院攻读博士学位时,钱学森过着非常紧张而又俭朴的生活,经常就着开水吃面包解决一日三餐。他心里满满装着学习和工作,然而在高速度、快节奏钻研学问的同时,他还参加了在当时尚属于新生事物的火箭的实验工作,因为他对火箭技术也产生了浓厚兴趣。

一天,很偶然地,钱学森拿了一本载有马林纳关于火箭研究方面文章的杂志去上课,而文章的作者正好坐在他旁边听课。就这样,他们两人相识了,而且热烈地讨论起这篇文章来。

马林纳眉飞色舞地陈述他在文章中的观点,他坚信火箭能够射入太空。可以想象,太空时代的种子,已经在这些年轻人心中萌发出了幼芽。难得碰上一个与自己有相同科研兴趣的同学,马林纳马上向钱学森提出征询:"假如你有兴趣为火箭工作,何不加入我们这个小组呢?"

于是,钱学森高兴地加入了这个火箭研究兴趣小组。这个看似不起眼的决定,却是钱学森人生中又一个重大选择。从此,他成了马林纳火箭研究小组的成员,担任理论设计师的角色。其实就当时而言,这个所谓的研究小组纯粹只是一个民间组织,既没有资金,也没有设备,甚至连试验、研究的场地都没有,小组成员全凭兴趣热爱聚集在一起。一般同学把他们看成是一帮怪人,但这并未消减他们的热情:没有设备,这几位年轻人就到旧货摊上或者废品仓库里去拣零件自己安装;没有试验场地,他们就到自家房后草坪上进行。

钱学森首先对火箭研究进行分析计算,于1937年5月向小组提供了一份研究报告,这份报告被收进他们的火箭研究课题选集,该选集被小组成员称为他们的"圣经"。后来这份研究报告被整合成《火箭发动机喷管扩散角对推力影响的计算》,连同马林纳对火箭发动机试验结果的分析,先后在《富兰克林学会会刊》上发表了,这些论述立即引起美国科学家们对火箭技术的重视。

加州理工学院天体物理实验室的助教阿诺德,还被这些年轻人的宏伟构想激动得跃跃欲试,主动向"火箭俱乐部"捐赠1000美元,并且毛遂自荐担任了"火箭俱乐部"的业余摄影师。

1937年6月,小组的工作获得了冯·卡门教授的支持,小组成员得以利用学校的实验室设备进行试验。然而,此后的试验多有失败,并且给学院造成不少灾难性损失。

一天,火箭试验的一切部署都已经准备完毕。马林纳与

钱学森非常有默契地又将试验装置重新检查了一遍,他们都明白,这次试验必须慎之又慎,这是因为:

他们走在一条前人没有走过的危险道路上。而且,由于实验经费的缺乏,试验装置的器材、零部件并不都是由工厂专门制造的,有一些是代用品,还有一些是从废品器材库和工厂的垃圾堆里捡回来的,这不仅意味着试验效果可能大打折扣,还可能会因此导致一些无法估量的事故。用这些材料拼凑起来的试验装置,它的质量、保险系数之低是可想而知的。稍有不慎,后果将会不堪设想。

就在这五个年轻人满怀信心地进行这场冒险试验的时候,死神已悄悄地溜进了昏暗的试验室。

"点火!"随着马林纳一声令下,三秒钟过后是一声"轰隆"的巨响,古根海姆大楼摇晃起来。这五个人被爆炸的气浪掀翻在地。还没有等到他们缓过神来,又是一声巨响,发生了第二次爆炸。这次爆炸的威力很大,竟然将一个定位器高高抛起,然后在空中炸开,像是一枚榴弹炮一样。被炸开的金属零件飞向实验室的四壁,有一块"弹片"恰好射向马林纳平时坐的椅子靠背,万幸的是马林纳已经匍匐在地,否则,正如马林纳在事后说的那样,他将成为名副其实的"自杀队"首领了。

爆炸声惊动了加州理工学院执行委员会主席罗伯特·密利根。他愤怒地大声对冯·卡门吼道："这太可怕了，你这个'火箭俱乐部'简直是个'自杀俱乐部'，就叫'自杀俱乐部'好了！"他严厉勒令"火箭俱乐部"停止一切试验活动。

这个火箭小组自此成了名声在外的"自杀俱乐部小组"，冯·卡门教授也不得不让他们离开实验室和校园。这几个年轻人无法接受就这么放弃研究，于是他们将设备搬到市郊一个干枯河床上继续试验。谁承想这个地方便成了美国火箭的摇篮，后来发展成为全球著名的"喷气推进实验室"。

1938年秋，冯·卡门教授与加州理工学院的校长参加了一个美国科学院所属的军事航空委员会召开的会议。军方在会议中建议发明一种能够助推重型轰炸机的火箭，使它可以在很短的跑道上或是航空母舰上快速起飞。

冯·卡门教授回到学校后立即找到马林纳、钱学森等人商议，决定接受这个名为"JATO"的任务。JATO就是Jet-Assisted Take Off（喷气助飞）的缩写。

1939年，美国科学院接受了冯·卡门教授的建议，决定在加州理工学院成立火箭研究中心，来解决火箭帮助飞机起飞的问题，科学院为这项研究拨出了大量资金。钱学森正是从这里一步步走向了辉煌！

钱学森原本就对火箭很有兴趣，也认识到火箭技术的军

事用途,他的博士论文的最后一部分《探空火箭的飞行分析》,就是探讨和论证连续脉冲的火箭推进方法。

有了"JATO"任务,火箭研究小组重新焕发了活力。小组成员在冯·卡门教授的支持下,先做成一只小火箭吊在实验室屋顶上做理论实验,之后再到山谷里去进行规模稍大的试验。在科学的火箭理论、计算方法指导下,1941年8月火箭试飞终于取得成功。

"JATO"诞生了!有了这种火箭助推起飞装置,飞机的跑道就能够大大缩短,飞机起飞的速度也将极大提高。"JATO"这种火箭助飞器,迅速地被美国空军应用于二战战场。

从1939年德国闪电袭击波兰,到1941年日本偷袭珍珠港,第二次世界大战全面爆发。在这种形势下,"火箭俱乐部"的几位美国青年应征进入军队,走向抗击法西斯战争的前线。至此,"火箭俱乐部"不得不宣告解散,只剩下钱学森在继续着他的火箭飞行研究。

美国政府在紧急扩军备战的气氛中,越发感到军事尖端科技人才的缺乏。1942年12月,在冯·卡门教授推荐下,钱学森通过安全考核,被批准进入海陆空三军、国防部、科学研究发展局等一些美国军事机密机构参加工作。

冯·卡门教授与马林纳等人曾经在1941年创办了一个航空喷气公司,这是美国第一个被官方授权的研制火箭的中心。钱学森被聘请担任顾问一职,在公司起到举足轻重的作用。

公司甫一成立,就迅速接到美国空军、作战部、兵工局等单位关于军用装备的订货合同。他们不仅被要求完成一批飞机起飞需要的喷气助推火箭,更被请求为军方尽快培训出一批能熟练驾驭新式武器的军官。

此时,钱学森除了在加州理工学院协助或者代替冯·卡门教授为航空系的研究生讲课之外,还为这些军官讲解工程数学原理、喷气推进原理等课程。他学识渊博,能够一天连续讲好几门不同学科的课程。后来,听他讲课的这些军官陆续成为部队的骨干。

在培训美国军官、研究生的第二年,钱学森组织编写了内容丰富的教材《喷气推进》。它是美国第一部全面系统论述喷气推进的基本原理、火箭性能与科技的专著;在此后的十几年间,这本著作一直是美国研究生、军队工程师必读的教材、参考书,并被奉为权威性著作。

1943年9月8日意大利投降,希特勒见势不妙,决定动用V-1火箭、V-2火箭,企图与反法西斯同盟决一死战。1944年9月,英国伦敦连续遭到德国V-1火箭的袭击,伤亡惨重。为此,美国军方非常着急,马上找到冯·卡门、马林纳、钱学森,迫切希望他们能尽快制造出新式火箭来对付德国法西斯。

冯·卡门教授、钱学森等几位专家经过研究讨论，一致认为美国当时的技术水平、实验条件比较差，应当首先斥巨资建立起实验室，以便设计出射程超过100千米的火箭。

后来美国军方拨款三百万美元，兴建喷气推进实验室（Jet Propulsion Laboratory，简称JPL，NASA喷气推进实验室前身），不仅鼓励他们进行火箭研究，而且希望他们负责实际制造出能够控制的导弹。

在这种情况下，钱学森与马林纳合作，选择了研究用火箭发动机推进导弹的课题，在很短的时间内就拿出了一份名为《远程火箭的评论和初步分析》的研究报告。在报告当中，他们对远程火箭的可能性进行了分析，认为完全能够制造出远程火箭，还提出了三种设计方案。美国军方对他们的研究成果表示出了浓厚兴趣，希望尽快促进实施。

钱学森担任JPL研究分析组组长，与林家翘、钱伟长、史都华、郭永怀等十多位中外科学家共同努力，设计制造出了美国最初的火箭和导弹。它们被制造出来后，由JPL实验室组织在塞科山谷发射试验成功，成为美国最早成功发射的火箭和导弹。

可以说，在冯·卡门的指导下，钱学森、马林纳合作完成了美国第一枚导弹的设计工作。所以，钱学森被称为美国导弹事业的奠基人，实在是实至名归。

有了这些研制火箭的科学技术基础，美国很快研制出射程更远、威力更大的火箭和导弹，给了德国法西斯有力还击，同时也开创了美国航天事业的新时代。

钱学森不仅全身心地投入美国导弹的研制工作，还从研制工作全局出发，建议美国政府在五角大楼设立一个导弹武器部的专门机构，来适应战时需要，从而集中力量研制导弹。当年美国的军用飞机还是旧式的螺旋桨飞机，飞行速度非常慢，而且常常受气候条件的影响与制约，不适应现代战争的需要。对于这一点钱学森很早便认识到了，他也建议在五角大楼专门设立一个学会，用来促进喷气技术的发展，以及改装美国的空军战斗机。

后来，钱学森与冯·卡门教授合作，利用空气动力学、数学领域的函数理论，出色地完成了改制喷气式战斗机的理论任务，这意味着他又将火箭飞行的研究扩展到了新的领域。

钱学森是美国空军实现从螺旋桨式飞机向喷气式飞机过渡的关键人物之一，他在战时的突出科研成就大大增强了美国空军的火力系统，甚至在全世界反法西斯阵营引起了极大反响。这些成就的背后，是一位兢兢业业的科学家，怀着对祖国国土沦陷的民族危机感，以一个反法西斯战士的高度热忱，夜以继日地工作，分秒必争。

1941年6月，美国空军司令阿诺德与冯·卡门教授进行了秘密会谈，阿诺德希望冯·卡门教授马上组织一批专家，帮助制订出日后二三十年甚至五十年的美国空军发展计划。

12月，冯·卡门教授就向五角大楼提交了一份由三十六名科学家和工程师组成的科学顾问团名单，钱学森赫然就在其中。冯·卡门这样做是有足够理由的，就如他在自传中书写的那样：

> 我的朋友钱学森，是我向美国空军推荐的科学顾问团专家之一。钱是加州理工学院的火箭小组元老，第二次世界大战中为美国的火箭研制作出过重大贡献。
>
> 他三十六岁时已是一位公认的天才，他的研究工作大大地推动了高速空气动力学和喷气推进技术的发展。有鉴于此，我举荐他为空军科学顾问团成员。

很快，这个由三十六位专家学者组成的科学顾问团便宣告成立，顾问团里囊括了空气动力学家、雷达专家、空军技术顾问、电视显像管发明人等各种高精尖科技人才，冯·卡门教授则担任科学顾问团团长，组织带领他们工作。

1945年初，美国当局为了抢先获取和接管德国的火箭研究技术，决定派遣冯·卡门教授率领一批技术专家前往德国考察、摸底，钱学森也是考察组成员之一。为了这次行动方便，他们都被军方授予军衔，冯·卡门是少将，钱学森是上校。

德国布伦瑞克附近的森林中，设有一个由纳粹头目、空军司令戈林领导的秘密研究所，这是他们考察的第一站。这个由五十六幢建筑、上千人员组成的德国空军研究机构，设有研究导弹、飞机引擎的成套设备，单是由这个研究机构写出的秘密研究报告就有三百万份，重达一千五百吨。

钱学森等一众考察团成员到达目的地后，详细地察看了研究设备，分析了技术成果，并审讯了已成为盟军战俘的有关研究人员。

钱学森参与讯问的第一位德国火箭专家是冯·布劳恩，他是德国V-1与V-2飞弹的总设计师。钱学森让他写出的《德国液态燃料火箭发展及未来展望概论》，受到了美国军方的重视，于是就把冯·布劳恩及其设计小组都带到了美国。

冯·布劳恩一到美国，就被安置在美国陆军装备设计研究局工作。1955年，他加入美国国籍，然后领导设计了美国的朱庇特-C火箭，该火箭被用以成功地发射了西方第一颗人造卫星"探索者1号"。1961年，冯·布劳恩成为美国的总统科学顾问，分管"阿波罗"登月工程，直接领导"土星1号"火箭的研发设计，这一火箭被用以运载"阿波罗11号"飞船，最终使人类第一次顺利登上月球。

钱学森还参与讯问了德国著名的气体动力学家赫尔曼。赫尔曼是V-1、V-2火箭研制、发射理论的负责人,也是设计超音速风洞小组的领导人。当时钱学森还惊讶地得知,赫尔曼设计火箭所采用的关键理论与技术,竟然运用到了自己两年前发表的《超音速气流中锥形体的压力分布》论文。

此次考察团的讯问对象中,还包括一位重量级的大师,那就是冯·卡门教授就读哥廷根大学时候的老师普朗特,他也是世界公认的近代流体力学的奠基人。

当年,哥廷根的城镇居民只有十几万,然而却拥有两万多名大学生,因此就有了"大学之城"的美称。二战期间,德国的城市大多被战火夷为平地,唯独哥廷根幸免于难,有人据此猜测,这是因为大科学家普朗特居住在这里的缘故。

普朗特在二战期间曾指挥一个秘密军事研究所,为纳粹德国的军事战略服务。他无论如何也不曾想到,自己会有坐在两代学生面前接受审讯的一天。冯·卡门回忆这段往事的时候,也是颇为唏嘘:

> 我发现,是钱和我在哥廷根共同审问我昔日的老师路德维希·普朗特。这是一次多么不可思议的会见啊,现在把自己的命运和红色中国联系在一起的我的杰出学生,与为纳粹德国工作的老师联系在一起。现在,我们

经历的是一个多么奇特的境遇。

在审讯德国技术人员时,冯·卡门教授与钱学森等人还得知了一个令他们震惊的情报,那就是德国已经在着手研制一种射程能够达到3000千米的远程导弹。这意味着美国纽约都将会在它的射程范围内。

这次以考察为名的军事行动开阔了钱学森的视野,并证实了阿诺德将军的设想,那就是当时的美国确实很有必要构建一个空军现代化的长远规划。

考察结束之后,科学顾问团提交了非常具有展望性的报告《迈向新高度》。这份报告共有九卷,它为美国在二战后的飞机与火箭导弹的发展提出了长远的规划蓝图。其中有五卷都是钱学森执笔的。

在这个报告中,钱学森总结了欧洲各国——尤其是德国——的研究成果与经验,并结合美国现状提出了战略性发展的独创见解、切实可行的技术路线。钱学森翔实论述了高速空气动力学的发展,涵盖了脉冲式喷气发动机、冲压式喷气发动机、固态与液态燃料火箭、超音速导弹、以核能作为飞行动力的可能性等先进技术,评估了这些技术已有的研究成果、目前存在的问题、未来发展的前景。

《迈向新高度》是美国二战后航空与航天发展的规划蓝

图,它为美国空军未来五十年的发展指明了方向,从根本上改变了未来战争的形态,为美国在二战后取代德国夺得世界航空科技领先地位奠定了理论基础。以它为指导,在20世纪下半叶,美国在航空与航天事业上获得了飞跃的发展,成为世界第一军事强国。

战争时期的工作激发了钱学森的过人才智,使他站在世界航空、航天科学技术最前沿,并掌握了从世界及国家的战略高度规划科学技术发展与应用前景的理念、思维方法。

美国军方在总结二战的军事技术工作时,高度评价了钱学森作出的"巨大的无法估量的贡献",为此,美国国防科学研究委员会科学发展局还向钱学森颁发了特别证书。

美国专栏作家弥尔顿·维奥斯特曾这样论述:

> 在第二次世界大战期间,在钱学森的帮助下,大大落后于德国的非常原始的美国火箭事业过渡到相当成熟的阶段,他对建造美国第一批导弹起过关键性的作用。他穿上了军装随同盟国军队进入德国,去研究由希特勒的工程师们设计的可怕的空袭武器。四年以后,他就成为制订使美国空军从螺旋桨式飞机向喷气机过渡,并最后向遨游太空的无人航天器过渡的长远规划的关键人物。

钱学森的贡献的价值,一次又一次地得到美国官方的赞扬和确认。钱学森是帮助美国成为世界第一流军事强国的科学家银河中的一颗明亮的星。

最年轻的正教授

1946年夏,冯·卡门教授因与加州理工学院有分歧而辞职。作为他的学生,钱学森也随即离开了加州理工学院。

由于钱学森在美国航空和军事科学研究领域中作出的显著成就,他逐步确立了在航空工程界的领导地位。当年在麻省理工学院教过钱学森航空工程学的汉萨克教授,此时已荣升航空工程系主任,他向钱学森抛出了橄榄枝。于是,钱学森回到了麻省理工学院担任副教授。

同年,钱学森在美国的《航空科学期刊》上发表了题为"原子能"的论文,阐明了原子能如何应用在航空与航天领域。他还在麻省理工学院举行了一系列的演讲,叙述了核燃料助推火箭的设想和相关工程问题,这在学院广大师生中引起了广泛兴趣与讨论。

1947年初,麻省理工学院决定破格提升钱学森为终身制的正教授,还恭请了冯·卡门为其写推荐信。冯·卡门教授在给学院的推荐信中这样写道:

钱博士在应用数学和物理解决气体动力学与结构弹性的难题方面,绝对是同辈中的佼佼者。……他人格成熟,堪当正教授之责,也是一位组织能力极强的好老师。他对知识和道德的忠诚,使他能全心奉献于科学……

2月的一天,众多名师相聚麻省理工学院航空系大楼。原来,刚刚升任终身教授的钱学森,将要作名为《飞向太空》的演讲。会场的气氛显得很隆重。18时,院长在航空系大厅接待各方来宾。他们当中有美国知名火箭飞行专家,也有专程从哈佛大学、加州理工学院等著名学府赶来的著名学者、同行,还有钱学森的同学、同事、同乡,更为特殊的是,还有来自华盛顿五角大楼的军方代表。

19时整,来宾们陆续进入演讲大厅。有趣的是,每一位来宾都发现自己的桌面上摆放着一张卡片,卡片上写着:"请您猜一猜:由本院培养出的硕士生当中,哪一位荣获了本院最年轻的终身教授的桂冠?"

当年的麻省理工学院,每个系一般只有二至三名终身教授,因此,晋升为终身教授的人必然科研成果十分显著,并且还要求是担任副教授不少于三年时间的人。

在场来宾并不知道钱学森升任终身教授一事,因此大家都在猜想是谁得到了这个荣誉。谜底被揭晓之后,来宾们均

被麻省理工学院大胆破例的举动惊呆了,谁也没有想到这个最年轻的终身教授会是钱学森,因为他在麻省理工学院只做了一年的副教授。

就在大家啧啧赞叹时,麻省理工学院院长、航空系主任和钱学森一起走向了主席台,他们精神焕发,笑容满面。院长第一个走向演讲台,他庄严宣读:

钱学森教授,男,1911年12月11日出生。1934年于中国交通大学毕业。1936年在麻省理工学院以优异成绩获取硕士学位。1939年在加州理工学院以同样优异的成绩得到博士学位……

随后,院长以一句"现在,我们年轻的钱学森教授要将我们带到太空去,那就请大家尽情地畅游一番吧!"风趣而又简洁的"开场白",令会场的气氛变得更加热烈。

当正式开讲时,大厅的灯光渐渐暗淡了下来,钱学森成了唯一的焦点。他用很简练的语言对人类探索宇宙的远景进行一番描述后,悬挂在演讲台正中央的白色屏幕被照亮了,听众的目光也均集中到这幅屏幕上。随着钱学森的讲演,屏幕上的彩色画面在不断地变化着:

第二章 | 留美二十年

  高大的模拟发射架上矗立着一枚巨大的三级火箭;火箭被点燃,霎时浓烟滚滚,然后拔地而起,直射天空;火箭在飞行当中,一级火箭燃烧完燃料之后自行脱落,接着是二级火箭点火、喷射和自行脱落;最后只见第三级火箭喷着烈焰,把一只飞船模型射入太空。就这样飞船摆脱了地球的引力,开始了太空漫游……

  钱学森的演讲非常新颖生动、引人入胜,整个会场都静悄悄的,大家都沉醉其中。尖端科技的未来把听众带入了太空时代,在钱学森所描述的前景的带动下,他们心中充满了遨游太空的激情。

  演讲刚一结束,灯光亮起的同时,大厅里再次爆发出经久不息的热烈掌声。院长兴奋地走上前去,热烈拥抱钱学森,祝贺他演讲成功。

  当时的钱学森,作为第一个走进麻省理工学院终身教授行列的中国人,作为第一个在这种场合作演讲报告的中国人,心中满是骄傲与自豪。

  就这样,年仅三十六岁的钱学森成为当时麻省理工学院最年轻的正教授。

  这一年,钱学森与郭永怀合作,完成了重要论文《二维可压缩亚、超声速混合流和上临界马赫数》。这份研究成果

最早在跨声速流动问题中引入上下临界马赫数的概念，解决了跨声速流动中的理论和计算问题，大大促进了超声速飞行器的设计。

虽然享有麻省理工学院的终身教授职称，钱学森却没有在这个校园住很久。1948年夏，实力雄厚的古根海姆基金会在加州理工学院、普林斯顿大学各成立一个"喷气推进中心"。这两个中心不约而同地热情邀请钱学森前往担任中心主任，加州理工学院新任校长李·杜布里奇更是亲自写信，恳请钱学森回到加州理工学院的校园来。10月，钱学森接受了他的邀请。

时间走进1949年，冯·卡门教授和钱学森一同返回了加州理工学院，古根海姆基金会任命钱学森为加州理工学院喷气推进中心主任。于是，钱学森和夫人蒋英带着不满周岁的儿子永刚（钱学森于1947年7—9月回国探亲，并和蒋英结婚。之后带着她回了美国），就在帕萨迪纳市一幢幽静的住房里安了家。

钱学森从1949年下半年开始带领研究生开展研究、教学工作。他所在的古根海姆喷气推进中心的主要任务有二：

首先是研究喷气推进的新理论和新技术，为二战后美国空军发展提供科学理论与技术措施。为此，钱学森组织领导了超声速风洞的设计和建设，并成功研发出以液态燃料推进的地对地大型导弹、以固态燃料推进的实验导弹等。这时,他还继续兼任航空喷气公司的顾问,该公司承担美国海、陆、空三军兵工部门机密的航空航天研究和开发的计划。

其次是培养年轻的科学家和工程师,尽快把美国的航空航天技术推向新阶段。由于钱学森的坚持,古根海姆喷气推进中心开设的课程,主要是航空工程和机械工程之间的交叉学科,课程全面覆盖喷气推进系统的基本原理、飞行器的性能,研究的课题则大多数围绕喷气推进、飞行器研究的前沿课题。经过这个中心培养的许多人,后来大都成为美国航空航天技术研究单位或军事部门的骨干。

钱学森在加州理工学院教授空气动力学、弹性力学等课程,他对待教学工作十分认真,始终坚持一丝不苟的严肃作风,对学生的要求也极其严格,有时甚至到近乎苛刻的地步。关于他的"严格",还曾经在一些学生与教师中引起过非议。

钱学森历来都实行开卷考试,然而他出的考题有相当的难度。据当年他教过的学生回忆说,他十分严格,他出的题若能考试及格,那就一定是极优秀的好学生。而对于极少数不动脑筋的学生,他也毫不客气。

"严师出高徒"一直是钱学森坚持的信条,事实也证明了这一点,钱学森所教的学生,后来有许多人成为美国、中国以及其他国家航空航天领域中的中坚力量。

繁重的教学工作与社会工作,并没有削弱钱学森将核能技术引入火箭发动机的雄心壮志。在教学之余,他把眼光更多地投向了发展核能的可能性研究上,提出了用火箭助推的滑翔机作为洲际旅客运输火箭的设想、核火箭的设想,并写出了关于核火箭技术的出色论文《关于火箭核能发动机》。

《关于火箭核能发动机》是世界上第一篇关于核火箭的出色论文,它第一次把核能技术引入了火箭发动机,震惊了美国整个科技界。它将人们带入一个无法想象的新天地,唤起人类对于开拓宇宙的火一样的热情。

1949年12月,钱学森在纽约召开的美国火箭学会的会议上,提出实现洲际高速客机的蓝图。他说,将来可以设计出一种火箭客机,它的形状像一只削尖的铅笔,长约八十英尺(1英尺合0.3048米),直径约九英尺,自纽约竖直起飞后,到达洛杉矶的飞行时间将不到一小时。他的说法引起全场轰动,《大众科学》《飞行》《纽约时报》《时代》等美国各大报刊,纷纷报道了钱学森的这一设想。

出席这次年会的人员当中,有一位美国政府的海军次长,他是钱学森的老朋友金布尔,早在钱学森被任命为美国航空喷气公司顾问的时候,他俩就相识了。金布尔也在年会的宴会上发表了演说,他号召科学家们积累已获得证明的科学研究,他认为这种积累,跟武器积累、战略物资积累一样,对美国的将来是很重要的。他还特别提到钱学森就是能够贡献这种积累的人才之一。

后来,钱学森还做了更大胆的科学预测:"在三十年之内,人类将能登上月球,而这趟月球之旅,能够在一个星期内完成!"这一次,有人感到不可思议,觉得他"疯了";然而大多数人相信钱学森一定有办法试制出登月火箭。

接下来,钱学森最尊敬的老师冯·卡门家庭遭遇了很大的不幸:先是父亲去世,之后母亲和妹妹也先后因病逝世。亲人的接连离去,让冯·卡门再也没有办法将全部精力、全副身心投入研究工作中了。

有一天,冯·卡门教授把钱学森叫到身边,亲切而严肃地对他说:"我的母亲与妹妹走了,我也要走了……我让你接替我的工作。"

钱学森深深理解恩师失去亲人的痛苦,他怀着沉重的心情,从此走进古根海姆大楼二层冯·卡门教授的办公室,肩负起老师的一切工作。在钱学森领导下,加州理工学院喷气推进中心成为在航空研究方面举世瞩目的地方。

1949年是钱学森生命中很辉煌的一年,他的很多研究都取得突破性的进展。同时,这一年,在大洋彼岸的中国,也发生了翻天覆地的变化,那就是中华人民共和国诞生了。

钱学森传

新中国宣告成立的消息传到美国后,钱学森和夫人蒋英便商量着准备早日回国,为自己的国家效力,他从未忘记过自己的初心。

第三章

回国挑重担

任命錢学森为国防部第五研究院副院长

总理 周恩来

1960年3月18日

第 1029 号

中華人民共和國國務院
任命書

冲破阻力回祖国

1949年12月18日,周恩来通过北京的中央人民广播电台,代表党和人民政府郑重地邀请在世界各地的海外游子回国参加建设。钱学森从来没有忘记他先前立下的报效祖国的誓言,这天晚上更加坐卧不安,他在庭院里踱着步子,借以平定自己烦躁的思绪。

这时,蒋英走了过来,为他披了件上衣。钱学森看着夫人,两眼含泪,激动地说:"新中国成立了,是我们该回去的时候了!"

钱学森打开了珍藏多年的中国地图,反复地看着。他对夫人说:"咱们一定要尽快回到中国去,那里需要我。"夫人点了点头,眼角泪光莹莹。

回国的决心已定,只剩早晚的问题了。为了尽快回到祖国,钱学森还制订了一系列回国计划。他准备先申请退出美国空军咨询团,辞去兼任的美国海军炮火研究所顾问的职务,但却迟迟得不到美国军方的批准。虽然第一步未能如愿,但钱学森能沉得住气,他密切关注着事态的发展。

1950年2月,美国国内麦卡锡主义开始横行,展开了对民主进步人士的全面清查。作为加州理工学院喷气推进实验室负责人的钱学森,与很多其他留美中国人一样,受到了联邦调查局的监视和查问。

后来,他们要钱学森揭发实验室里一位化学研究员是共产党,遭到钱学森的严词拒绝。调查官员记恨在心,他们要给持"不合作态度"的钱学森"一点颜色"看看,便指控他曾参加过"美共第一二二地方支部聚会"的所谓事实,吊销了他参加机密研究的证书,剥夺了他继续进行喷气技术研究的资格。

这种随意加在钱学森身上的罪名,令他非常气愤。他在气愤之余冷静地想到,这不正是自己正式向当局提出回国要求的有利时机吗?

1950年8月22日,钱学森前往华盛顿,来到五角大楼的金布尔的办公室。金布尔作为海军次长,对钱学森在喷气中心承担的研究计划负责。

钱学森将目前的状况告诉金布尔后,声明说:"海军次长先生,有鉴于此,我已经准备动身回国了!"

看到钱学森时,金布尔愣了一会儿,他虽然知道钱学森有回国意愿,却万万没想到钱学森如此迅速而迫切地找到自己面前。

金布尔十分赏识钱学森的才华,对他十分器重并优待有加。金布尔认为像钱学森这样的人才只有在美国才有用武之地,也只有美国才能向钱学森提供优越的科研条件和丰厚的物质报酬,于是,他做主压下了钱学森的辞呈。

金布尔挽留兼劝谏地对钱学森说:"钱先生,我很敬重你,也很欣赏你的才华。我不认为你是共产党员,我从不认为你有什么地方对政治有兴趣。你不能离开美国,你对我们来说简直太有价值了!我认为你应该留在加州理工学院!你放心吧,有什么困难就跟我说。"

"次长先生,你很清楚,我受到了麦卡锡主义的无理迫害,他们吊销了我参与机密研究工作的证书,联邦调查局还把我当'间谍'嫌疑犯调查,我已经无法在美国继续工作了,我准备马上回祖国去!"钱学森激动地说道。

但钱学森哪里知道,他的辞行竟然大大激怒了这位上司。

待钱学森离开后,金布尔一个人坐在那里思考了很多,他太明白钱学森的价值了,无论出于对美国国家利益的考虑,还是出于对共产党的敌对情绪,他绝不情愿让这位稀世之才为中国共产党所用。

金布尔见钱学森主意已决,知道再怎么说服也没有希望了,便给司法部打电话,气急败坏地说:"钱学森知道得太多了,他知道所有美国导弹工程的核心机密,一个钱学森抵得上

五个海军陆战师。"他甚至觉得:"我宁可把这个家伙枪毙了,也不能放他回红色中国去!"

司法部得到金布尔的通知之后,立即转令移民局,叫他们监视钱学森,并限制他的行动,以防他突然飞离美国。

1950年8月23日午夜,钱学森夫妇从华盛顿回到洛杉矶,他们缓缓地步下舷梯,准备回家好好休息。因为他们已办好了回国的一切手续,托运了行李,向亲朋好友做了告别,还拿到两张加拿大航班的机票。那时他们的心情犹如将出囚笼的小鸟,舒心而宽慰。

然而,移民局总稽查朱尔截住了钱学森,向他宣布由司法部驻移民局的执行法官兰敦签署的命令:

不准钱学森离开美国。

钱学森气得脸色苍白,彼时全家的行李已经装上美国"威尔逊总统号"轮船,办好了一切托运手续,只等8月29日从洛杉矶运往香港了。

钱学森据理力争:"海外侨民回归自己的故土乃天经地义,美国还是一个自称为自由与人权的国度,居然阻挠这种正义之举,岂有此理!"

朱尔根本就不听他的说辞,从黑皮包里取出一份文件,冷

冰冰地递给钱学森。钱学森被突如其来的文件弄蒙了,只见文件上写着:

> 凡是在美国受过像火箭、原子弹以及武器设计这一类教育的中国人,均不得离开美国。因为他们的才能会被利用来反对在朝鲜的联合国武装部队。

钱学森夫妇气愤地回到了加州理工学院后,得知美国海关已非法扣留了他们的全部行李,更是忧心忡忡,行李中有他的八百多公斤的书籍和笔记本。其实,在行李打包之前,相关人员已经检查过了。而这一次非法扣押,他们明显不怀好意。

当一大批联邦调查人员涌到洛杉矶港口的仓库里,打开板条箱发现这些书籍时,他们你一句我一句地乱加断言:"里面一定藏有机密材料。""这个狡猾的中国人的全部活动证明他是共产党的间谍。"

更加荒谬的是,美国海关竟制造了这个"现场",马上召开新闻发布会宣布这一"新闻事实"。美国政府宣布,他们的稽查人员在钱学森的行李中查获了大量有密码的书籍、照片、草图、负片的底片、记录,以及大批有关火箭研究的技术资料。美国新闻界也闹哄哄地推出一条耸人听闻的消息:"一名共产党间谍企图携带机密文件离开美国。"

钱学森冷眼观察着这场闹剧。他心里明白，所有他认为应该归档而未曾过时的材料，都锁在实验室的柜子里，柜子的钥匙他也移交给了实验室负责人、加州理工学院原院长罗伯特·密利根之子克拉克·密利根博士。而那些所谓的"准备运离美国的资料""证据"，只不过是他平时收集的教科书、课堂笔记本和一些科技杂志的复制件，其中有许多还是他自己写的学术研究文章。

后来，美联社报道了加州理工学院老院长密利根的谈话："钱学森教授在该院的工作是纯理论性的，与秘密研究无关。"《纽约时报》也承认："这些行李里的印刷品，经联邦调查人员检查后，并无列入秘密的文件。"联邦调查局认为是"密码"的文件，也只是一本数学对数表。

其实早在8月25日，就是金布尔给美国司法部致电后的第三天，美国司法部长签署了逮捕钱学森的命令，但又没有马上执行。联邦调查局监视着钱学森的一举一动，还搜查了他的工作室和家。

9月6日，移民局总稽查朱尔和稽查员凯尔带着手枪和手铐，敲开了钱学森家的门，以"企图运输秘密的科学文件回国"为由，非法逮捕了钱学森。之后，钱学森被带到特米那岛上的一个拘留所里，切断了与外人的联系，失去了宝贵的自由。

美国当局对钱学森的迫害,激起了许多美国科学界人士的愤怒和留美中国人的强烈抗议。

加州理工学院校长杜布里奇,在钱学森被关押期间致信海军次长金布尔,要求释放钱学森。金布尔接到杜布里奇的信之后,由华盛顿来到洛杉矶会见了钱学森的辩护律师,即加州理工学院的法律顾问库珀。金布尔出于为美国留住人才的考虑,建议释放钱学森。

库珀去了拘留所与钱学森谈了几次话之后,建议由军队和政府双方选出代表,主持举行一次非正式的初步会商,"确定事实真相",以便保释钱学森。

会商期间,由库珀对钱学森进行了巨细无遗的盘问:从钱学森初到美国麻省理工学院就读问起,如何与马林纳认识,如何开始研究导弹,以及如何结识威恩鲍姆,平常往来如何,一直问到钱学森1947年回中国大陆探亲,再经檀香山返美……

经过这次会商,司法部要求钱学森必须缴纳15000美元的保释金方可保释。

9月22日,冯·卡门及加州理工学院许多师生向移民局提出了强烈抗议,师生集体捐献15000美元保释金。杜布里奇还亲赴华盛顿去说服司法部长,要求释放钱学森。

在众多人奔走呼号、多方营救的情况下,美国当局才开始

感觉到压力。终于,在关押半个月后,钱学森得以获释。在此期间,他的身心受到严重摧残,体重下降了整整30斤。

从拘留所回到家的钱学森继续被监管,不准远行,住宅随时被搜查;以埃德加·胡佛为首的美国联邦调查局的特务人员,在监视钱学森时,还经常无故闯进他的办公室和住宅。

钱学森的信件和电话也受到严密的检查,他的朋友或同事们,有的因为给他去了一次电话,便受到联邦调查局无休止的盘问。

在之后的整整五年内,钱学森为了减少朋友们的麻烦,深居简出,少与外人联系。

这种变相软禁的生活,并没有磨灭钱学森夫妇返回祖国的意志。为了回国方便,他们租住的房子都只签订一年合同,以至于五年中搬了五次家。据蒋英后来回忆:"那几年,我们总是摆好三只轻便的小箱子,天天准备随时搭飞机动身回国。"

面对强大的国家机器,光凭个人力量无法与之抗衡,要想早日回归祖国,必须想一个"金蝉脱壳"之计。钱学森思前想后,决定"以子之矛,攻子之盾",来个"曲线回国"。他迅速化解了屈辱和悲愤,努力安下心来,一边著书立说,一边静待良机。

当时,美国政府阻止钱学森离开,是因为他研究的火箭技术对于中国的国防建设意义重大,他们想通过滞留钱学森等技术骨干来阻拦新中国科学技术的发展。

于是,钱学森另行选择"工程控制论"这个新专业进行研究,以消除回国的障碍。实际上,工程控制论与生产自动化、电子计算机的研制和运用、国防建设都密切相关,只不过当时美国当局没有认识到这一点。

经过努力,钱学森在1954年完成了三十多万字的英文版《工程控制论》。书中阐述的主要内容是,制导系统设计的普遍性概念、原理与方法。这是继美国科学家诺伯特·维纳发表的《控制论》之后,对控制论的进一步发展,也标志着新兴的工程控制论学科的诞生与创立,为当代科学技术和社会发展作出了卓越的贡献。

钱学森将这本耗时多年写成的《工程控制论》和一本讲义送给了老师冯·卡门,作为最后的答卷和纪念。冯·卡门对这本书做了高度评价:"学森啊,我为你骄傲!你现在在学术上已经超过了我。"

钱学森在美国受迫害的消息很快传到了新中国,国内科技界人士通过各种途径声援他。党中央对钱学森在美国的处境极为关心,中国政府还公开发表声明,谴责美国政府监禁钱学森。

在钱学森被监禁的这五年里,中国人民和中国政府从未

停止过对他的救援行动。在他的回国问题上,中国一直与美国进行着谈判协商。

当时的情况是,中国政府也扣留着一批美国人,他们或是违反中国法律而被依法拘禁的美国侨民,或是因为侵犯中国领空而被拘禁的美国军事人员。美国政府虽然急于想要回这些被我国扣押的人,但又不愿意与新中国直接接触。

1954年4月,美、英、中、苏、法五国在日内瓦召开讨论和解决朝鲜问题及恢复印度支那和平问题的国际会议。出席会议的中国代表团团长周恩来联想到被美国扣留的留学生和科学家,就指示说,美国人既然请英国外交官与我们疏通关系,我们就应该抓住这个机会,开辟新的接触渠道。

于是,中国代表团秘书长王炳南从6月5日开始,与美国代表、副国务卿约翰逊就两国侨民问题进行了初步商谈。美方当时向中方提交了一份美国在华侨民和被中国拘禁的一些美国军事人员名单,要求中国给他们以回国的机会。

为了表示中国的诚意,周恩来指示王炳南在6月15日举行的中美第三次会谈中,大度地作出让步,同时也要求美国停止扣留钱学森等中国留美人员。

然而,中方的正当要求被美方无理拒绝。7月21日,日内瓦会议闭幕。为不使沟通渠道中断,周恩来指示王炳南与美方商定,自7月22日起在日内瓦进行领事级会谈。为了进一步表明中国对中美会谈的诚意,中国释放了四个被扣押的美国飞行员。

7月25日,中国外交部成立了一个中美会谈指导小组,由周恩来直接领导。8月1日,中美会谈由领事级升格为大使级。

中国作出的让步,最终是为了争取钱学森等留美科学家尽快回国。可是在这个关键问题上,美国代表约翰逊还是以中国拿不出钱学森要回国的真实理由,一点儿不松口。

局面就此陷入僵持之中,就在大家束手无策的时候,时任全国人大常委会副委员长的陈叔通收到了一封从大洋彼岸辗转寄来的信。

这封信是钱学森借机摆脱了美国联邦调查局人员的监视,写在一张小香烟纸上,夹带在一封寄往比利时的蒋英的妹妹的信上的请托转寄给陈叔通副委员长的。信上写道:

> 被美国政府扣留,今已五年,无一日、一时、一刻不思归国参加伟大的建设高潮。除去学森外,尚有多少同胞,欲归不得者。

陈叔通不仅是钱学森的同乡,还是钱学森的父辈钱均夫、蒋百里的老师,钱学森寄希望于通过陈叔通请求祖国政府

帮助他回国。对于这样一封非同寻常的海外来信，陈叔通深知它的分量，当天就送到周总理那里。

"这真是太好了，据此完全可以驳倒美国政府的谎言！"周恩来总理当即作出了周密部署，叫外交部火速把信转交给正在日内瓦举行中美大使级会谈的王炳南，并对王炳南指示道："这封信很有价值。这是一个铁证，美国当局至今仍在阻挠中国平民归国。你要在谈判中，用这封信揭穿他们的谎言。"

8月1日，中美大使级会谈一开始，王炳南率先对约翰逊说："大使先生，在我们开始讨论之前，我奉命通知你下述消息：中国政府在7月31日按照中国的法律程序，决定提前释放阿诺维等十一名美国飞行员，他们已于7月31日离开北京，估计8月4日即可到达香港。我希望，中国政府所采取的这个措施，能对我们的会谈起到积极的影响。"

可是，谈到钱学森回国问题时，约翰逊还是老调重弹："没有证据表明钱学森要归国，美国政府不能强迫命令！"

于是，王炳南便亮出了钱学森给陈叔通的信件，理直气壮地予以驳斥："既然美国政府早在1955年4月间就发表公告，允许留美学者来去自由，为什么中国科学家钱学森博士在6月间写信给中国政府请求帮助呢？显然，中国学者要求回国依然受到阻挠。"

白纸黑字，铁证如山。在事实面前，约翰逊哑口无言。美国政府不得不批准钱学森回国的要求。

8月4日,钱学森收到了美国移民局允许他回国的通知。

9月17日,在向导师冯·卡门和一些挚友告别之后,钱学森携带夫人蒋英和一双幼小的儿女,终于登上了"克利夫兰总统号"邮船,踏上返回祖国的旅途。

展望回国新征程

1955年9月17日,钱学森搭乘"克利夫兰总统号"邮船,踏上返回祖国的旅途,他发誓"再也不到美国了",并说:"我相信我的前途是在中国。"

在此之前,钱学森只在1947年7—9月回过一次中国。那年,三十六岁的他进入了麻省理工学院正教授行列。7月,他向麻省理工学院请假回国探亲,那是他到美国第十二个年头后第一次回国。

当时飞越太平洋的航线刚开辟不久,钱学森从美国乘飞机直接抵达上海。在龙华机场,他的好朋友,曾经任交通大学校长的范绪箕,专程从杭州赶来迎接他。旧友重逢,彼此都有诉说不完的话语。

回到家中,景物依稀如旧,却没有了母亲慈爱的身影。晚间,钱学森与久别不见的父亲睡在同一张床上,听着父亲讲述母亲去世时的情形,眼泪止不住地往下流。

父亲见状,也不知该说什么安慰儿子,两人就这样沉默着。过了好一会儿,老父亲打开电灯,从枕头下摸出了一页泛黄的纸笺,递到钱学森的手里。

钱学森赶忙坐起身来,借着灯光仔细看去,纸上写着:

> 窗外细雨飞,老妇命垂危。
> 夫君煎药苦,盼子子不归。

那俊秀的字迹,是如此熟悉、亲切。泛黄的纸上犹能看出泪痕斑斑,那是一位慈母思念远方游子的泪水啊！钱学森捧着母亲临终留下的小诗,再也无法控制自己内心的悲苦,竟像儿时那样放声号啕起来。他的泪水和母亲的泪水,在诗笺上融合在一起。钱母若是地下有知,应该能感到一丝丝的欣慰吧。

钱学森回国期间,在上海与青梅竹马的蒋英正式结婚。这一年,钱学森三十六岁,蒋英二十八岁,他们为了各自心中的理想和追求,一直没有时间考虑个人问题。这次终于喜结连理,也算是完成了父辈们的心愿。

结婚后,钱学森面临着去留问题。他本打算不再回美国去了,但回国后的所见所闻,社会局势的糟糕情况,由不得他不重视。钱学森只得携带新婚的妻子先返回美国。不过,他坚信自己总有实现报国之志的那一天。回到美国之后,钱学森夫妇俩更加关注祖国传来的每一条信息。

钱学森传

　　1948年,解放战争取得了决定性的胜利。1949年5月20日,钱学森收到了由他人转交的曹日昌教授写给他的信。作为中共党员的曹日昌在信中告诉他,中华人民共和国即将诞生,并希望他尽快返回祖国,为新中国服务,领导新中国的航空工业建设。

　　1949年10月1日,中华人民共和国成立,毛泽东向全世界庄严宣告:

　　　　中国人民站起来了!

　　振奋人心的消息使钱学森非常激动,内心久久难以平静,他向十多位中国留学生通报了新中国诞生的消息,商讨尽快回国的办法。

　　五天后是中秋节,为此钱学森去"华人街"选购了月饼,与几十位中国留学生围坐在一个大圆桌旁,一边赏月一边倾诉情怀,深为祖国的新生而欢欣,并对祖国的美好前景充满着憧憬。钱学森拿起一块月饼,激动地说:"新生的人民共和国急需科学技术,急需建设人才,我们施展才华报效祖国的时候到来了。"

　　在座的海外赤子们的眼睛湿润了,他们所有人心中都与钱学森一样,萌发着一个强烈的愿望:回归祖国,用自己的专长为国家建设服务。

虽然归心似箭,但现实情况却使钱学森不敢贸然行动。他深知自己为美国军界服务多年,较深地介入了军事技术工作,美国军方决不会让他轻易离去。

最后,在祖国和多方人士的协助下,钱学森终于冲破了重重阻挠,得以离开美国,登上了回归祖国的邮轮。

一起乘坐"克利夫兰总统号"邮船返回中国的,还有许国志、疏松桂、何国柱等。他们事先听说钱学森一家人也将乘坐这艘船返回祖国,登上船后就怀着激动而敬慕的心情,在上船的旅客中找寻钱学森一家人的身影。

当时,他们久闻钱学森的大名,但并不熟识,而当钱学森在联邦调查局人员的监视押送下上船后出现在三等舱时,大家立刻就认出了他。

至于钱学森为什么乘坐三等舱,那是因为他们接到美国政府准许离境——实际上是被驱逐出境——的通知后,立刻去购买船票,而船期最近的"克利夫兰总统号"邮船只剩下最经济的三等舱了,他们归心似箭,连一天也不愿再多耽搁,马上拍板买下了船票。

这次同船回来的还有钱学森的两个孩子,即儿子钱永刚、女儿钱永真。一路航行中,在船上的休息室里,伴着母亲的钢琴演奏,活泼可爱的他们不时表演有趣的节目。当时船

上有中国学者、留学生共二十四人,其中包括四个有小孩的家庭,小孩共六人,年龄最小的是何国柱之子何乃知,他刚满月,尚在母亲怀里吃奶呢。

钱学森上船后,很快就同大家熟悉了。每个人都看得出来,他丝毫也不顾及远渡重洋的艰苦跋涉,在历经被逮捕、审问、软禁达五年之久后,终于有机会回归祖国,他的心情格外舒畅。

船从洛杉矶起锚后,在船上的中国人组织了一个同学会,他们还印制了一份《克利夫兰轮第六十次航行归国同学录》,钱学森和许国志他们始终珍藏着这份同学录。

船经过夏威夷、横滨、马尼拉时都靠岸停泊,大家都上岸游览,只有钱学森一家始终待在船上。他们的行动必须审慎,稍有疏忽就可能带来麻烦,甚至酿成大祸。这是因为,一下船,美国政府对他们的安全就不负责任了。蒋英曾对同船的蒋丽金说过,为了安全,每到一站她都要把钱学森藏起来。

沿途船到各个港口,外国记者都要包围采访钱学森他们,特别是钱学森,他是重点追踪对象。船到了马尼拉的时候,有一个美联社记者居然跑到船上来找钱学森,只为问他是不是共产党员。钱学森当即回答:"我还不够格做一名共产党员呢!共产党人是具有人类最崇高理想的人。"这个记者听了回答,没敢再问第二个问题就灰溜溜地跑了。发生这种情况后,钱学森嘱咐大家,对外国记者讲话要谨慎,他还建议关于回国问题大家应该有个统一的口径。

"克利夫兰总统号"邮船在海上航行了十几天后,迎来了国庆六周年的喜庆佳节,长期客居海外的学子们异常激动,大家齐集在休息室里,欢庆年轻的新中国的生日。钱学森在联欢会上应邀做了主要发言,他说:"我身未到祖国,心已经飞回去了!""祖国正在建设时期,迫切需要各方面的建设人才,大家会大有用武之地。"随即,他表演了精彩的节目——箫独奏,蒋英和刘豫映也登台演唱,孩子们也凑了一回热闹,表演了节目。

国庆日过后,船向香港方向进发。大家商议过港时应该向新闻界发一篇书面声明,钱学森参与并领导了这项活动。在钱学森的关注下,稿子很快写好了。之后,大家就去找了船上的事务长要求印刷。但事务长却拖拖拉拉,不太愿意。钱学森说:"我们是旅客,船上的设备应为我们服务,我们一定要印。"

钱学森坚决的语气鼓舞了大家,船上的全体中国乘客团结起来向美国船方交涉。美国船方迫于正义的压力,不得不同意他们的要求,为他们印制出了《向祖国致敬》的书面声明。

旅途中一天,许国志看到钱学森正在专心致志地阅读一篇论文样本,他非常感动,感叹道:"真不愧是一心扑在科学上

的人啊！"

在船上，钱学森还多次和大家一起畅谈回国后的打算，当他得知许国志是从事数学研究工作的时候，兴奋地谈起如何开展运筹学研究的问题。钱学森说："我们国家实行的是计划经济，很多计划管理方面的科学技术将来会在国家经济建设中发挥作用，例如运筹学等，这些东西对祖国建设很有用。"

"有用是有用，可是牵扯到计算机，国内暂时恐怕不一定用得上。"许国志担心地说。

"暂时没有计算机也没关系，可以先搞个讨论班，发挥人的聪明才智来弥补计算机方面的不足。中国是会出成绩的。"钱学森非常自信地回答。

一路同行，大家更加深刻感受到钱学森身上那种强烈的民族自豪感。他这种自豪感既是现实的，又带点浪漫色彩。

有一次在谈到美国政府对自己的迫害时，钱学森简直不像是在讲一件苦难遭遇。他说，在他被捕释放回到加州理工学院后，每个月要定期向洛杉矶的移民局报到，去移民局路上要经过一家咖啡店，这家小店出售的咖啡味道极佳。钱学森风趣地表示，虽然去移民局是件极为恼人的事，但每一次去都可以顺路买一包好咖啡回家，也算是一种补偿。

在同船回国的这一群中国人中间，钱学森一家应该算是在美国待得最久的。蒋英后来回忆说："我们一家被困在美国多年,一接到可以离美的通知,我们就打算乘最近的一班邮轮回国,但有一个家要搬呢,不那么容易。那一段时间,我和学森简直忙得不可开交。"

她又说:"回国后,为了祖国的建设事业,学森会非常忙,我也会很忙,所以在美国时,我就尽量挤出一点时间,多陪陪学森,回国后大家都忙了,闲暇就少了。"

蒋英说得没错,回到祖国后,钱学森以他的科研能力、渊博学识被国家委以重任,他将以极大的热情、精力投入国家的科学事业当中去。

做客中南海

1955年10月8日，秋高气爽，风轻云淡，钱学森一家经历了二十一天的海上航行，终于和同船航行的其他中国留学生一道，怀着激动的心情，踏上了罗湖桥。它是一座秀丽庄严的钢铁桥梁，连接着深圳站、香港九龙站。它的两端都有粗大的铁栅栏围着，大门关闭，并由戒备森严的武装人员把守。

桥的这一端，虽然也是中国的土地，但却属于英国的管辖区域，只见此时有几个拿枪的英国士兵来回巡逻。为首的一个长官，翻着白眼，极不耐烦地验完他们的证件后，命令把守桥头铁栅栏门的士兵将铁门打开，然后做了一个放行手势，放他们过桥。

钱学森目睹了这种场景，心里十分难受，面对这片由于鸦片战争而丧失的国土，他的心在滴血。他想到，旧中国就是从这块地方开始沦为半殖民地的，如今新中国已经诞生，可是殖民武装却依然在这块土地上耀武扬威……于是，钱学森牵着儿子永刚的手，催促妻子拉着永真，加快脚步向铁桥的这一端走来。

第三章 回国挑重担

罗湖桥的这一端,由国务院、中国科学院派来的代表朱兆祥等人早已等候多时。

朱兆祥不时地看一眼手中那张钱学森全家的合影照片,这是他专程到上海从钱均夫老先生那里找来的。

过来了一群人,朱兆祥急忙看了看照片,认准了走过来的就是钱学森。他们一家人走在了人群的前头,身后是一张张噙着眼泪的笑脸。

朱兆祥急忙上前去同钱学森热烈握手,并向他做了自我介绍。钱学森两眼含泪,激动得久久说不出话来。

朱兆祥将钱学森一行迎进了深圳火车站事先准备好的接待室休息。待大家坐定后,他将中国科学院副院长吴有训、秘书长钱三强的信,分别送到钱学森和回国人员李整武的手中。

钱学森含着泪水读完了祖国亲人写给他们的信,他抑制不住内心的激动,走到李整武及其夫人孙湘面前,两手抱拳说道:"整武兄,孙湘女士,我们终于回到祖国的怀抱了,恭喜啊!"

李整武夫妇连忙站起身来,也抱拳冲着钱学森和在座的各位大声说道:"学森兄,我们同喜!我们大家同喜!"

在这一刻,休息室中所有同船归国的海外游子都纷纷站立起来,他们互相道喜、握手、拥抱。每个人都泪流满面,每个

人都笑逐颜开。一时之间，欢声笑语使这座冷清的车站也热闹起来。

待大家稍为平静之后，热情的孙湘女士突然想起了什么，她把怀中的婴儿交给丈夫，从手提包中取出一份报纸递给朱兆祥，只见报纸第一版用特大字号刊出两行通栏标题：

世界一流火箭专家钱学森
今日启程返回红色中国

朱兆祥看了这篇报道，更加意识到，在当时中美强烈敌对的形势下，钱学森他们此次回国的行程是具有划时代意义的。

在广东省人民政府的特别指示下，中国海关决定对钱学森一行的几十件行李免检放行。

当这些行李从九龙邮车向开往广州的邮车转移时，钱学森指着那几个大木箱说："看看，这就是当年被美国政府无理扣押并诬陷为'窃运军事机密'的箱子。美国当局归还后，我原封不动地放在家中，随时准备启运。如今，这些板条箱子终于运进了祖国的大门。"

在深圳站稍作停留之后，钱学森他们便在朱兆祥等人的陪同下，登上了北去的列车。

一路行来，看到祖国蒸蒸日上的新面貌，钱学森惊喜万分,止不住地称赞,他还向儿子永刚讲窗外闪过的新建筑、新工程。活泼可爱的永真和朱兆祥用英语交谈,他们很快有了共同的话题。

车厢里的气氛异常欢快,海外游子们无不沉浸在回归祖国的幸福之中。然而,仔细望去便会发现,迎接钱学森和李整武等人的朱兆祥,虽然表面上也是欢颜笑语,但却掩饰不住内心的不安与焦虑。

朱兆祥想到,就在今年的4月10日,印度航空公司"克什米尔公主号"飞机在婆罗洲上空爆炸,我国数名出席万隆会议的外交人员和新闻记者遇难。这桩空难事件,是美蒋特务一手炮制的企图杀害周恩来的阴谋。经查,这架飞机就是从香港起飞时被美蒋特务装上炸弹的。如今,钱学森这位世界瞩目的科学家取道香港回国,而美国政府对他怀恨在心,怎么会轻易放过他呢?

这时,朱兆祥的耳边又响起了中国科学院办公厅主任秦力生对他的嘱托:"兆祥啊,你要记住,这是陈毅同志交代的任务,无论如何,你要保证钱学森一行安全到达北京。"

想到此,朱兆祥不免有些紧张了,他从座位上站了起来,认真地朝着车厢内所有的乘客挨个看了一遍,然后又下意识地向车厢的一头走去。

要说朱兆祥接到这个迎接兼护送的工作,那是有原因

的。他当时是中国科协常委,而当年中国科协与中国科学院在一个院子里合署办公。9月下旬的一天,秦力生找来朱兆祥,表情严肃地对他说:

> 中央得到确实消息,由于王炳南大使在日内瓦中美大使谈判中力争,美国政府不得不把扣留了长达五年之久的科学家钱学森放行了。钱学森已于9月17日乘坐"克利夫兰总统号"邮船从美国洛杉矶启程。如果顺利,二十天以后可以到达香港。陈毅副总理要科学院派代表去深圳迎接,并把他安全护送到北京。经过研究,认为你是最合适的人选,这重担就交给你了。

朱兆祥当时非常惊讶,听到钱学森终于要归国了,他的心里激动万分,他清楚地知道,这样一位伟大的科学家,一定会给新中国作出巨大的贡献。

然而,迎接和护送钱学森,实在是一个重任,光荣而艰巨。说光荣,因为这是陈毅对他的绝对信任,陈毅当时是分管科技工作的中央政治局委员,亲自安排了钱学森的接待工作,可见其意义非凡。说艰巨,则是因为钱学森这样一位科学家,他的言行一直为世人所瞩目,加上他与敌视新中国的美国政府有着尖锐斗争。在这样的背景下,他的安全问题就变得异常重要。

因此,肩负重任的朱兆祥不免有些担心,流露在了脸上。秦力生也明白任务艰巨,他一面将有关报道钱学森的外文电讯稿交给朱兆祥,一面说道:"陈毅副总理已经考虑到钱学森一行的安全问题,以他自己的名义分别给广州、上海两地发出了电报,他们将尽力协助你。"

听到此,朱兆祥这才露出了笑容,秦力生再次向他强调:"你要记住,务必保证钱学森路上的安全。"

10月初,朱兆祥从上海赶到广州,他得知这两市都已经按照陈毅的指示做了有关安全工作的部署。广东省政府还指定办公厅主任郑天保协助朱兆祥安排接待工作,并指定广州、深圳两地,尤其是铁路沿线要加强安全保卫工作。

尽管如此,在北行列车上的朱兆祥依然不敢稍加放松。他时而坐下来同钱学森等人攀谈,时而站起身来在车厢中走动,到车厢两头查看,以防发生什么意外。

10月8日晚,钱学森一行在朱兆祥等人的陪同下到达广州。中国科学院华南植物研究所所长陈焕镛、广东省政府办公厅主任郑天保、中山大学校长许崇清、华南理工学院院长罗明橘等人到车站迎接他们。

在热情好客的广州,钱学森受到了祖国人民的热情接待。在接下来的短短几天里,他们游览了广州的名胜古迹,参

观了苏联经济及文化建设展览会,广州科技界还为他们举办了一次大型宴会。钱学森所到之处,无一不受到了最高的礼遇和最热烈的欢迎。

紧接着,他们去了上海和杭州,钱学森看望了老父亲和重游故乡之后,一家人继续北行,于10月28日到达北京。在钱学森到达北京的当天,美国一家报纸便用《钱学森到达北京,中共派出盛大欢迎队伍》的通栏标题,发出了一则新闻。文中这样写道:

当钱学森博士走出北京前门火车站时,中共派出的一队由科学家组成的庞大代表团欢迎他。代表团中有几位他相当熟悉,其中一位是他在美国念书时就很熟的年轻的科学家钱伟长。钱伟长在加州理工学院念书时与钱学森一同师从冯·卡门教授,也是一位火箭专家。这个代表团的团长,就是比钱学森更早到达美国并获得博士学位的华罗庚,他是国际驰名的数学家。

第二天下午,周恩来便邀请钱学森和夫人蒋英到中南海做客。一见面,周恩来就紧紧地握住了钱学森的手,然后他们进行了亲切的交流。周恩来的热情和深切关怀,再一次让钱学森感到了祖国的温暖。

钱学森看着周恩来关切的眼神,回忆起艰辛坎坷的回国之路,感慨万千。为了他能够顺利回国,周恩来可谓费尽心思,不管是与美国政府的谈判,还是行程的安全考量,凡此种种,都让钱学森终生难忘。

开始,钱学森一家人被安排住在位于长安街的北京饭店,那是当时北京最好的宾馆。

北京饭店周围的环境非常优美。清晨起来,钱学森一家人站在临街的阳台上,向西可以看到金光灿灿的天安门城楼,再往更远处眺望,晨霭中显露出延绵起伏的西山群峰,守卫在北京的西北部,是一道苍翠的自然屏障。向南望去,可以望见高耸的正阳门和崇文门城楼,还有远处天坛祈年殿的蓝色圆顶。

他们的一双儿女被北京的风光迷住了,他们兴奋地高呼:"爸爸妈妈,北京太美了!爸爸妈妈,北京太可爱了!"

对于这样高规格的欢迎和接待,钱学森也感到出乎意料,他心中既充满感激,同时也有深深的歉疚,因为这时他还没有给祖国作出任何贡献,他觉得于心有愧。

北京是钱学森少年时代居住的地方,是他的第二故乡。往事历历在目,古都数不尽的风景名胜,在他眼里是那么熟悉、亲切,这里的街道小巷,大多曾留下过他的足迹。二十年后,他又回到这里,回到这新中国的政治与文化的中心,备感

温暖。

北京到处都是一片生机勃勃的局面,人们精神振奋,干劲十足。许多新老朋友赶到北京饭店与他叙旧话友,述说新中国的发展现状,带给他更多的激励和鼓舞。

两天后,钱学森迫不及待地携妻子、儿女步行来到了天安门广场。站在天安门广场,望着高高飘扬的五星红旗、巍峨的天安门城楼,钱学森感觉到庄严、神圣,有一种主人翁的使命感。

1949年当第一面五星红旗在天安门广场上徐徐升起时,钱学森还在美国加州理工学院,他只能在心底里为祖国的新生而高兴,默默计划着回归祖国,用自己的专长为新中国服务。多年的艰难曲折过去了,他终于站到了天安门广场上,还有什么比这更让人激动的呢?

此时,广场上那高高飘动着的五星红旗,似乎就是蒸蒸日上的祖国的象征。钱学森仿佛看到,一个繁荣强盛的中国,就要在东方的地平线上高高耸立起来。

第三章 | 回国挑重担

前往东北考察

1955年10月29日,在钱学森夫妇走进中南海做客的同一天,中国科学院院长郭沫若为钱学森举行了盛大的欢迎宴会,隆重欢迎这位在国际上享有盛誉又饱经磨难,且矢志不忘报国的杰出科学家,副院长张劲夫、吴有训作陪。席间,吴有训向钱学森正式交代了由他牵头组建中国科学院力学研究所的决定。钱学森欣喜地接受了这个任务。

根据中央相关领导的建议,在钱学森正式开始力学研究所的工作之前,中国科学院安排他先到东北地区进行了短时间的考察访问。吴有训告诉钱学森,东北地区拥有许多新建的工业企业,还有中国科学院的一些研究所,到那里走走看看,可以帮助他加强对我国工业生产情况的认识。

就算以今天的战略眼光来看,这次去到东北,不管是对钱学森还是对中国的导弹事业,都是一次意义深远的行程。

11月22日,依旧是在朱兆祥的陪同下,钱学森启程前往东北考察访问。参观考察的第一站是哈尔滨,其中有一项是参观哈尔滨军事工程学院。其实,最初给钱学森安排的日程

并无这一项。这所军事院校的保密要求很高,地方上只有省委委员以上人员才能进入参观。陪同钱学森在哈尔滨参观的省委统战部部长觉得不大好协调,就没有把参观哈军工列入日程。

但是,钱学森本人提出,他希望去见见在哈尔滨的两个朋友,即庄逢甘、罗时钧。他们都是钱学森在美国的学生辈,现在又都在哈军工任教。

第二天一早,在他们出发参观烈士纪念馆前,朱兆祥通过电话把钱学森的要求报告给了黑龙江省委。在他们回到宾馆后,朱兆祥接到了省委来的电话,说军事工程学院请示了北京,陈赓院长明确表示欢迎钱学森来访,要他们把参观该学院列入日程,最好明天上午就去哈军工。

11月25日上午,钱学森一行来到哈军工,令他们感到惊讶的是,站在学院门口迎接他们的竟是解放军副总参谋长兼哈军工院长的陈赓。

当时陈赓为了亲自陪同钱学森他们到哈军工参观,特意大清早乘专机从北京赶到哈尔滨。这位由毛泽东亲自选定的大将,性格开朗、思维敏捷、智勇双全。作为哈军工首任院长兼政委的他,亲自全程接待了钱学森的参观访问。

哈军工从成立的那天起,就遵照毛泽东"为了国防现代化"的教导,汇集了我国许多的一流科学家,仅空气动力学方面就有任新民、梁守槃、周曼殊、金家骏、庄逢甘、罗时钧、卢庆骏、李宓等,教学和科研的切入点一开始就很高。

1954年9月,哈军工正式招生的第二个学年,陈赓随同以彭德怀为首的中国军事代表团,赴苏联参观了原子弹爆炸实兵对抗军事演习。演习结束后,苏联国防部长把一个飞行员投放原子弹的金钥匙送给了代表团。陈赓看了后说:"光给把钥匙,不给原子弹有什么用?"彭德怀接口道:"你是军事工程学院院长,可以组织研制嘛!"自此陈赓把这句话牢牢地记在了心上,并将其作为己任。

所以,这次对钱学森的回国行程,陈赓更是早早就非常关注。在钱学森到北京后,陈赓随即就向彭德怀建议:"哈军工有懂航空、火箭的专家和教授,也有教学仪器和设备,最好请钱学森去参观一下,听听他对中国研制火箭的意见。"

彭德怀十分赞成陈赓的意见,在得到周恩来的支持、毛泽东的同意后,彭德怀转告陈赓,可以让钱学森到哈军工参观。

然而,正在北京的陈赓还没来得及通过中国科学院向钱学森发出邀请时,哈尔滨那边的请示电话就来了,他立即给出了答复:欢迎钱学森博士来院参观指导。

当天上午,陈赓、刘居英、徐立行等院领导,陪同钱学森参观了哈军工。钱学森在哈军工大院看着远处海军工程系、装甲兵工程系、工程兵工程系的教学大楼,又看看刚刚落成的体

育馆,接连称赞。之后面对更加高大雄奇的空军工程系大楼、炮兵工程系大楼,钱学森非常兴奋。尤其是得知这些建筑群是在一年多的时间里建立起来的时候,钱学森连声惊叹:"哎呀,太漂亮了,太壮观了!"

在空军工程系,系主任唐铎少将引导大家参观了风洞实验室。钱学森一边看一边激动地说:"了不起啊,你们的空气动力学研究已经走在全国的前列,看来中国科学院要向你们学习呢。"

下午,陈赓等人陪同钱学森参观了炮兵工程系。在火箭实验室里,任新民副主任特地向钱学森介绍了室外固体火箭点火试车的试验。他指着一个十多米高的铁架子,谦虚地说:"不怕钱先生笑话,我们做比冲试验,方法很原始。另外用火箭弹测曲线,也是笨办法上马。"

钱学森认真地说:"不容易。你们的研究工作已有相当的深度,尽管条件有限,已经干起来了嘛。迈出这一步,实在出乎我的意料!"

之后任新民拿出美国空军的一份训练教材,就固体火箭燃料配方问题与钱学森讨论起来。共同感兴趣的研究课题拉近了两人的距离,当钱学森离开任新民的实验室时,非常不舍:"我们一见如故。希望不久我们再见面,深入探讨一些问题。"

事后,钱学森对陈赓表示:"任教授是你们的火箭专家,我今天有幸认识了他!"

这勾起了陈赓当年在苏联参加军事演习的回忆,想起了彭德怀希望他组织哈军工的专家研制导弹、原子弹的事。现在钱学森就在眼前,他当然要抓紧时间请教。

陈赓就问钱学森:"钱先生,你看我们中国人能不能搞导弹?"

钱学森双目炯炯,看着陈赓不假思索地回答:"有什么不能的?外国人能造出来的,我们中国人同样能造出来。难道中国人比外国人矮一截不成?"

陈赓听到这话,简直太合他胃口了,不禁开怀大笑。他趋前一步,紧紧握住钱学森的双手说:"好!我就要您这句话!"

钱学森晚年也回忆说:"我回国搞导弹,第一个跟我说这事的是陈赓大将。"

11月25日晚,陈赓等人为钱学森举办了一个小型宴会,席间,他三句话不离火箭,向钱学森提出许多更深层次的问题。

钱学森谈到,如果研制射程为三百至五百千米的短程火箭,弹体及燃料用两年时间可望解决,关键问题是自动控制技术,恐怕一下子难以突破。他看看坐在对面的任新民,问道:"任教授,是不是这样?"任新民点头同意了他的说法。

陈赓说:"钱先生的话让我心里有了底,我们一定要搞自己的火箭。我可以表个态,我们哈军工将全力以赴,要人出人,要物出物,钱先生只要开口,我们义不容辞!"

说到这里,陈赓举起盛满红葡萄酒的高脚杯站起来,大声说:"我提议,大家举杯,为欢迎钱先生参观我们学院,为发展我们中国自己的火箭工程事业,干杯!"

一个是身经百战的将军,一个是名扬中外的科学家,此时此刻,他们心中怀着同一个梦想,那就是造出新中国自己的火箭。陈赓与钱学森的这次短暂会面,使中国的军事领导人对导弹的认识变得具体清晰起来。

11月26日一早,陈赓动身飞回北京,刘居英前往机场送行。临行前,刘居英向陈赓报告说:"前几天,根据您的指示,任新民、周曼殊、金家骏三位教员向国防部写了一封信,提出研制我国火箭的建议,请院长回北京后了解一下国防部的反应。"

陈赓很高兴,飞回北京后立即向彭德怀做了汇报。彭德怀对陈赓说:"哈军工任新民等三位教师于1955年11月给国防部的建议书我已经看过了,并已批给黄克诚和万毅阅办,还要总参装备计划部部长万毅亲自去征询钱学森的意见。"

彭德怀还对陈赓说:"你代表我去邀请钱教授来国防部,我想和他谈谈。我是老粗出身,得拜人家科学家为师呢!"

钱学森在东北各地还参观了一些科学研究所,留下了很深刻的印象。这期间,钱学森看到了新中国给东北带来的全新局面,他被这里的崭新气象感动了。

也是在这一路的参观访问中,钱学森逐渐完成了他对于组建新中国第一个力学研究所、发展力学研究所的构想。

从钱学森踏入国门到牵头组建力学研究所,总共不到三个月时间。这在中国是前所未有的。数学家华罗庚认为,这是科学院工作的一大进步。对此,海外一家报纸做了如下报道:

> 钱学森博士回到中国大陆不久,便获中共的邀请,担任中共科学院力学研究所筹备委员。这个研究所成立之后,钱学森又担任研究所所长。他同时担任中共科学院数理化学部的委员、中共科技协会全国委员会的委员、中国航空动力协会主席、中共航空协会主席等职务。中共何以在钱学森初返大陆之时就赋予他如此多的重要职务?因为他们知道钱学森的价值……

确实,如这家海外报纸所说,我们的国家和政府深刻知道"钱学森的价值"。中国共产党爱才、惜才、渴求人才,尊重和

信任爱国的知识分子,也敢于将重任赋予他们。

　　事实上,当年这家海外报纸不知道,就在钱学森的东北之行以后,党和国家正准备将另一副重担放在钱学森的肩上。

参与制订科学规划

1955年12月下旬,钱学森回到北京后,就应邀来到彭德怀的办公室,陈赓陪同在侧。

彭德怀十分敬重这位热爱祖国的大科学家,他单刀直入地请教道:"钱先生,我是个军人,今天找您来,想谈谈打仗的问题。我们不想打人家,但若人家打过来,我们也要有还手之力。在我国现有的经济和技术条件下,如果研制一种射程在三百至五百千米的短程火箭,需要多长的时间呢?"

钱学森说:"如果只是能够发射火箭,那用不了很长时间,费时间的是发射出去后能控制火箭的那一套东西,叫自控系统。完成自控系统就占工作量的百分之八十,而弹体和燃料研制的工作量只占百分之二十。当年二战时德国V-2飞弹命中率很低,就是自控系统不过关。"

钱学森又向彭德怀和陈赓详细解释了自控系统的原理、类型,以及技术上的难点等问题。彭德怀沉吟半晌说:"看来最重要的是自控系统了。我们当前要同时解决这个问题才行,要不然,导弹成了瞎子,乱飞一气,还怎么消灭敌人呢!"

钱学森传

　　1956年1月30日至2月7日，中国人民政治协商会议第二届全国委员会第二次全体会议在北京召开。从美国归来才三个多月的钱学森，成为本次会议的新增委员，应邀出席大会。

　　会议期间，毛泽东主席设宴宴请全国政协委员。当时钱学森收到的请柬上面写着他的席位在第三十七桌。而到了宴会厅，他在第三十七桌却没有找到自己的姓名牌。原来，毛主席亲自将他安排到了第一桌坐到自己身边。

　　宴会开始前，毛主席曾指着钱学森笑着对大家说："他是我们的几个'王'呢！什么'王'？工程控制论王、火箭王。各位想上天，就找我们的工程控制论王和火箭王钱学森同志。"

　　在这次宴会上，毛泽东与身穿中山装的钱学森微笑交谈的瞬间被一个记者拍到，这张照片成为钱学森一生中最珍贵的照片之一。

　　早在1956年元旦的时候，叶剑英曾吩咐陈赓去将钱学森夫妇请到家里做客，因为此前陈赓曾经兴致勃勃地跑到自己在黄埔的老师面前，大肆鼓吹了一通关于钱学森的才干和他对国家军事、国防事业的种种设想。当天下午，陈赓和钱学森夫妇一起到叶剑英家中赴宴。席间，火箭和导弹成了宾主间的主要话题。钱学森深入谈到人力、物力的估算，机构、人员的设置，越谈越投机。

第三章 | 回国挑重担

2月17日,一份由钱学森起草的《建立我国国防航空工业的意见书》(以下简称《意见书》)便送到了周恩来的案头。当时为保密起见,用"航空工业"这个词来代表火箭导弹和后来的航天事业。这份《意见书》受到了中共中央和中央军委的高度重视,各有关部门多次开会研究。《意见书》指出:

> 健全的国防航空工业,除工厂外,还应该有一个强大的为设计服务的研究及试验单位,也应该有一个作长远及基本研究的单位。自然,这几个部门应该有一个统一领导的机构,作全面规划及安排的工作。

《意见书》也提出了我国火箭与导弹事业的组织方案、发展计划、某些具体措施,此外还列了可以调来参与这一事业的二十一位高级专家名单。

3月,也就是政协会议结束后不久,钱学森积极参与制订了新中国第一个远大的规划,即《1956年至1967年科学技术发展远景规划纲要》。这个规划由周恩来亲自领导,陈毅、李富春、聂荣臻等领导人具体组织了数百名科学技术专家参与制订。这个十二年规划的重要成果,除了制订了五十七项重大研究任务以外,最重要的是确定了六项最紧要的发展任务,即原子能、导弹、电子计算机、半导体、无线电电子学、自动化

技术。

为什么会挑选出这六个项目？甚至当时几乎是所有科学工作者都一致同意这六项是当时国家最为紧急需要的项目，钱学森在其中起了举足轻重的作用。

从现在的眼界来看，这六个项目是科技发展全局的关键点或者说是生长点，但是，在当时却并不那么明确，所以存在不少争议。譬如说，从国防的角度来看，中国应该重点发展导弹还是发展飞机，两者的关系又如何，对于这些问题就有不少争议。

截至1956年，苏联、美国的人造卫星还没有上天，洲际导弹技术在国外也没有突破。所以，当时对于导弹究竟能不能成为一项重要的国防技术，一般人并没有明确的认识，许多人甚至不知道导弹是怎么回事，大家对飞机则有比较明确的认识。

对此，钱学森在发言中认为，飞机的重要性自不待言，而导弹则是一种新的有巨大威胁力的武器，其作用在二战末期已现端倪，希特勒当年就使用了V-1、V-2火箭。飞机、导弹各有优缺点，在战争中是相辅相成、缺一不可的。飞机的机动性好，但导弹的优点是它的速度快，这在战争中无论是从攻击或防御的角度看，都是一个重要的战术技术性能。

另一方面，钱学森又从技术上指出，导弹虽然是一种新型武器,但攻克火箭导弹技术并不见得比飞机更难。这是因为导弹是无人驾驶的一次性武器,而飞机则有人驾驶,且要求多次使用,这在发动机、结构、材料、飞行安全等方面都有许多特殊的要求。

钱学森还告诉大家,发展导弹在技术上最关键的难关就是制导问题,就此他给大家讲解了许多制导的原理,其中也包括洲际导弹的制导原理。钱学森通过对制导技术的方方面面进行剖析,得出的结论是,这个问题在短期内易于突破。所以他坚持,导弹作为一种现代武器应及早引起人们的重视,并列入重点项目予以突破。

钱学森这一具有真知灼见的分析,自然为很多人所接受,并统一了大家对导弹问题的认识。

在军队方面,钱学森亲自给我军高级将领作报告,讲解火箭导弹知识,分析导弹在未来战争中的作用。他的讲课深入浅出,形象生动,让许多科学专业知识不多的老将军都听得津津有味,并对这一尖端武器产生了莫大的兴趣。

钱学森作为一名火箭技术专家,还与王弼、沈元、任新民等技术骨干合作,主持完成了第三十七项任务"喷气和火箭技术的建立"。它将喷气技术、火箭导弹事业纳入了国家长远规划,勾画了这一尖端技术的发展蓝图,对推动这一事业的发展起了重要作用。他们在规划的说明书中指出:

喷气和火箭技术是现代国防事业的两个主要方面，没有这两种技术，就没有现代的航空，就没有现代的国防。而建立了喷气和导弹技术，民用航空方面的科学技术也就不难解决了。

……

本任务的预期结果是，建立并发展喷气和火箭技术，以便在十二年内使我国喷气和火箭技术走上独立发展的道路，并接近世界先进技术水平，以满足国防的需要。

钱学森带领他们还规划了大体的进度，其中"1963年至1967年在本国研究工作的指导下，独立进行设计和制造国防上需要的达到当时先进性能指标的导弹"。

在制订十二年规划的整个过程中，钱学森的渊博知识、聪明才智得到了充分展示，中央首长、中国科学院领导对他的工作十分满意。

第三章│回国挑重担

白手起家研制导弹

1956年3月14日,周恩来主持军委常务会议,钱学森应邀列席。会上听取了钱学森关于在中国发展导弹技术的设想,决定组建导弹航空科学研究的领导机构,即航空工业委员会(以下简称"航委"),由周恩来、聂荣臻、钱学森负责筹备。从此,火箭、导弹事业成了钱学森的工作重心。

后来的事实证明,中国航天之所以取得比别的行业更突出的成绩,很重要的一条就是有钱学森这样的技术领导抓科研、抓试验。钱学森以他的远见卓识,制订了正确的发展规划,走了一条"多快好省"的路。

聂荣臻在受命领导科技工作和研制"两弹"的任务以后,经反复考虑后认为,首先是要组建机构、组织队伍,这是科学研究方面奠基性的工作,否则一切无从谈起。

5月10日,聂荣臻提出了《关于建立中国导弹研究工作的初步意见》报告,他在报告中直言:

建议在航委下面设立导弹管理局,统一管理导弹的研制工作；建立导弹研究院，以钱学森为院长，尽快开展导弹研制工作；建立自动控制、无线电定位等研究所，加速建立电子元器件研究所。

5月29日，聂荣臻邀请国务院秘书长习仲勋、副总参谋长兼军事工程学院院长陈赓、国家科委副主任范长江、一机部部长黄敬、中国科学院副院长张劲夫、清华大学校长蒋南翔，以及国务院各部委领导共三十三人在"三座门"开会，商量为导弹研究院选调科技骨干的问题。

聂荣臻在谈完我国发展以"两弹"为主的尖端武器计划后，强调说："我国发展尖端武器迫在眉睫，但国际技术援助还没有落实，尽管困难很多，但中央下了决心。当前急需的是各类人才，请在座诸位大力支援，鼎力相助。"

陈赓第一个站起来，扶扶眼镜，爽朗地说道："搞导弹需要集中全国的优秀技术骨干才能攻克难关，把研究工作进行下去。我们军工学院有一批从事航空和火箭专业教学的专家、教授，我想从中抽调六名教授，支援航委。"

听了陈赓的表态，聂荣臻的脸上露出满意的笑容。

10月8日，在北京西郊，聂荣臻宣布："中国第一个火箭、导弹研究院——国防部第五研究院——正式成立！"钱学森被任命为首任院长，梁思礼负责导弹控制系统研究。研究院的两百余人中,除了十多位战功赫赫的将帅级部长,还有一百五十多位刚刚走出校门的应届大学毕业生。

国防部五院成立之后,我国导弹、火箭技术究竟选择一条什么样的发展道路?聂荣臻在向中央的报告中,指出了我国导弹研究应采取的方针:自力更生为主,力争外援和利用资本主义国家已有的科学成果。

10月17日,毛泽东、周恩来批准了这个方针,国防部五院的建院方针就此确立下来。

在成立大会上,聂荣臻向大家介绍了钱学森,并请他上台讲话。钱学森面对全场信任的目光、热烈的掌声,用坦诚谦和的语言激动地说:

同志们,我们是白手起家。创业是艰难的,困难很多,但我们绝不向困难低头。对待困难有一个办法,这就是"认真"两字,只要认真,我们一定能克服困难,一定能完成党中央交给我们的光荣任务。

钱学森言简意赅的讲话像是一篇宣言书,从此,他带领国防部五院的科研人员开始了艰难的创业和无畏的登攀。

当时的状况,概括来说就是:

人员不懂技术,缺乏图书资料,没有仪器设备,一切从头开始。

钱学森抓的第一件事是举办"扫盲班",二十多位专家没有见过导弹,一百五十多名大学生更是各学各的专业,就是没有学过导弹。钱学森主讲《导弹概论》,内容包括人造卫星、导弹概论,每期七讲,一连举办了三期。

钱学森平易近人,对青年人更是关怀备至。在很长一段时间里,他坚持每周都要抽出时间与孙家栋等年轻设计人员讨论技术问题;若有什么不妥,他便耐心引导、解释,很少直接批评。

对于专家们,钱学森将他们集中到寓所,开小课,一起讨论技术上的疑难问题。

这期间,钱学森变得极其忙碌,他不仅要管计划、技术决策、机构设置、人员仪器设备、课题确定等科学研究的分内事,作为一院之长,他还是"管家",为全院职工的柴米油盐和衣食住行操心……行政事务一大堆,使钱学森无法专心于科研工作。所以,他主动辞职,改任专管科学研究的副院长,得以集中精力专注于科技决策、科技难题的攻关。

根据我国"先仿制,后改进,再自行设计"的导弹发展方针,中国向苏联提出了有关国防尖端援助的要求。为此,以聂荣臻为团长的谈判代表团于1957年9月抵达莫斯科。钱学森作为代表团成员,参加了中苏《关于生产新式武器和军事技术装备以及在中国建立综合性原子能工业的协定》(以下简称《中苏国防新技术协定》)的签字仪式。这个协议规定,苏方从1957年至1961年底,除供应4种原子弹样品与技术资料外,还允诺在1960年至1961年间供给射程达1000千米的导弹技术资料。

当时的中苏关系还处在"蜜月期",中国的航天事业得到苏联方面很大程度的技术援助,苏联曾经"送给"中国两枚P-2近程导弹,也曾派遣技术专家来华帮助中国进行导弹仿制。

1958年6月,苏联提供的第一批P-2导弹武器系统的图纸资料运抵我国,钱学森带领国防部五院立即组织技术人员投入了紧张的翻译和复制工作。

北京的7月正是盛夏,酷热难当。翻译人员在十分艰苦的条件下,依旧日夜兼程地工作。经过突击译制,第一批P-2导弹的图纸资料很快翻译完成,并下发到承制工厂。

8月,苏联导弹专家陆续来华,以具体指导仿制工作。9月,国防部五院正式将P-2导弹在我国的仿制型号命名为"1059",意思是要在1959年10月完成仿制并进行首次飞行试验。

导弹技术是现代科学技术、基础工业成就的高度综合,是国家规模的庞大系统工程,它几乎涉及国民经济所有生产部门、各个技术领域。而当时非常年轻的新中国,科学技术的落后面貌还未改变,这给"1059"导弹的仿制带来许多意想不到的困难。但是,面对重重困难,导弹研制人员没有退缩,他们百折不挠,用自己的聪明才智和忘我工作的精神,把一个又一个困难踩在了脚下。

没有研究和生产基地,科研人员就开展全国大协作。当时全国直接和间接参加仿制的单位有一千四百多个,涉及航空、电子、兵器、冶金、建材、轻工、纺织和商业等各个领域,其中主要承制厂就有六十多个。

没有导弹总装厂,就改造了一座清朝宣统年间兴建的飞机修理厂进行替代;设备缺乏,就因陋就简、土法上马,自制简易设备,或者想方设法利用国内现有设备;原材料短缺,就努力寻找代用材料,以解燃眉之急。

导弹部段生产出来以后要进行强度试验,为了能有一个专用的强度试验室,钱学森带领技术人员在一个旧飞机库的基础上,用就地挖坑的办法,解决了机库高度不够的问题,并利用从飞机上拆下的旧部件和自制的承力地轨,仅用半年时间就建成了一座简易强度试验室。在这个试验室里,技术人员们完成了"1059"导弹的三百二十次静力试验。

经过我国导弹设计和工程技术人员与工人们的艰苦奋战,1960年2月5日,导弹的第一个大部段,即酒精贮箱仿制成功。接着,其余七个大部段也相继完成。

一个多月后,由我国导弹技术人员自行设计并施工安装的国内第一座大型导弹发动机试车台竣工验收,并利用苏制 P-2 导弹发动机成功地进行了初级点火试车。与此同时,"1059"导弹发射所用国产推进剂的理化性能已经分析、测定完成,弹上仪器和地面设备等关键技术也取得了重大进展。

有鉴于此,国防部五院于1960年6月28日向中央军委报告,争取国庆节前后完成第一批"1059"导弹的仿制任务,并进行飞行试验。

毛泽东、朱德、邓小平、贺龙、陈毅、罗荣桓、徐向前、谭政等阅读了这份报告,叶剑英、聂荣臻、刘伯承还做了重要指示。

1960年10月23日零时45分,一趟由十八节客、货和特种车箱组成的专列,满载"1059"导弹和仪器、地面设备与特种车辆以及发射试验人员,从北京启程秘密驶向酒泉导弹试验靶场。

10月27日,导弹安全运抵发射场。第二天,导弹进入技术阵地进行单元和综合测试。11月3日,"1059"导弹测试结束,被装上专用运输车送往三号发射场区。

在那里,发射人员用高架起重机把导弹吊到起竖托架

上，接着，载着导弹的起竖托架以步行的速度缓缓驶进发射工位，随后起竖托架上的液压装置把导弹竖成竖直的发射状态。

党和国家领导人十分关注这一次具有历史意义的发射，中央军委和国防部五院的许多领导都亲临发射场坐镇指挥。

11月4日，在张爱萍、陈士榘两位将军的陪同下，聂荣臻飞抵发射场。他一下飞机就急着了解导弹的测试情况，并叮嘱说："这是我国自己生产的导弹，试验工作一定要严肃认真，不能有丝毫马虎。"当晚，聂荣臻告诉大家："周总理已经报告给毛主席，同意明天拂晓发射。"

1960年11月5日，是我国历史上永远值得纪念的一天。凌晨，酒泉导弹发射场上呈现出一派繁忙的景象。在探照灯的照射下，整个发射场坪明如白昼，一枚液体燃料地对地导弹像一座方尖碑屹立在大漠之中，箭体上书写着"独立自主，自力更生"八个醒目的大字。

作为由中国专家仿制的第一枚弹道导弹，它凝聚着钱学森和他的助手们整整两年时间的心血！尽管当地的气温已经下降到零下二十多摄氏度，但是所有参试人员仍全神贯注、一丝不苟地工作着。

试飞就要开始了，聂荣臻亲临发射场为首次飞行试验剪彩。钱学森与聂荣臻并排坐在一起，他望着导弹发射架，心情无法平静下来。

警报拉响,各种加注车辆纷纷撤离发射阵地,一切发射的准备工作基本就绪。然而,钱学森的心也随着警报器的响声变得沉重起来。

严格说来,这仅是一枚"描红弹",大部分零部件都是依照苏联样品弹画的"瓢",而且其间因为苏联单方面撕毁合约,在我们有些零部件还没有完全仿制成功的节骨眼上,失去了苏联专家的援助。

现在,这个仿制品即将进行全面的考核,钱学森在心里也担忧着,不知它能否经受住考验。

这天9时2分28秒,发射指挥员下达了点火命令。随着一声惊天动地的轰鸣,发射台周围腾起一股浓烟,导弹的尾部向下喷吐出橙红色的火焰,随即拔地而起,直刺蓝天。

这天天气晴朗,发射场上空能见度很好。几秒钟后,竖直上升的导弹开始程序转弯,向远方飞去。

与此同时,指挥中心不断传来各跟踪台站"发现目标,飞行正常"和"跟踪良好"的报告。

钱学森从发射指挥控制室的座位上缓缓地站了起来,此时他悬着的心仍没有放下。

"火箭命中目标!"

终于,弹着区传来了振奋人心的喜讯!

这枚后来改名"东风一号"的火箭全程飞行550千米,历

时7分32秒。当落区发回发射成功的报告时,导弹发射场变成了欢腾的海洋,掌声和欢呼声响成一片。

在人们尽情雀跃的时候,聂荣臻和张爱萍来到发射场坪向大家表示祝贺。聂荣臻高兴地对参试人员说:"同志们,你们辛苦了!大家好好地休息一下吧!"

接着,聂荣臻问一位年轻的导弹设计人员:"竖立的导弹像什么?"

这位设计员回答说:"像一把利剑高耸蓝天,直刺敌人的心脏。"

旁边的张爱萍连声称赞:"说得好!说得好!"

1962年3月,距我国仿制成功第一枚导弹仅过了十六个月,一枚被命名为"东风二号"的导弹又开始发射。

这枚导弹的研制方案,还是在苏联专家撤走后的一个月时间里提出来的。在钱学森的领导下,中国航天专家们发奋图强,卧薪尝胆,把生气变成了争气,只用了短短一个月时间便完成了总体设计方案。

3月21日,"东风二号"导弹首次发射试验失败。之后钱学森同大家一起排疑点,分析失败原因,经认真总结终于找到症结所在。

6月29日,修改设计后的"东风二号"中程导弹又重新矗立在酒泉靶场的发射台上。

钱学森作为发射现场最高技术负责人,与现场总指挥张爱萍肩并肩站在发射场的指挥室内。各项仪表和整个系统经过反复测试,表明性能良好,全弹处于待发状态。

突然,两颗绿色信号弹划破晨空。

"点火!"

随着一声响彻大地的巨雷,导弹腾空而起,扶摇直上,它喷着长长的火舌,按预定的弹道向目标区飞去。

在北京总部,中央领导同志很快接到了现场总指挥张爱萍打来的电话:"'东风二号'地地导弹,经与钱学森同志共商,于今晨7时5分正式发射。发射很成功,很顺利!"

在7月9日、11日,又连续发射两枚"东风二号",均获圆满成功,从而翻开了我国导弹发展史上崭新的一页。

"两弹"结合铸辉煌

早在1944年,中国共产党就获悉美国正在制造一种"超级炸弹"的消息。从1946年开始,我党便与海外的中国科学家——特别是核科学家、火箭专家——进行联络,争取他们回国参与核武器及配套武器装备的研究,并通过其他渠道购买核物理研究需要的器材和资料。

1949年12月16日至1950年2月17日,毛泽东第一次踏出国门访问苏联,他看到了苏联成功进行第一颗原子弹爆炸试验的新闻电影纪录片,于是,他在与斯大林会见时提出希望苏联帮助中国研制原子弹。

估计是受到纪录片中核武器爆炸威力的震撼,毛泽东在归国途中再一次表达了中国要研制核武器的想法。他对身边的工作人员叶子龙说:"这次到苏联,开眼界哩!看来原子弹能吓唬不少人。美国有了,苏联也有了,我们也可以搞一点嘛。"

在朝鲜战争中,美国挥舞的核大棒更加让毛泽东认识到:要消除核武器威胁,就必须首先拥有核武器。

1952年6月,中国向苏联请求给予研制核武器方面的援助,但遭到拒绝,这使得中央军委和总参谋部编制《五年军事计划纲要》时被迫放弃研制原子武器的想法。

1954年10月,毛泽东向来访的苏联最高领导人赫鲁晓夫再次表达了希望苏联帮助中国研制核武器的想法:"我们对原子能、核武器感兴趣。今天想同你们商量,希望你们在这方面对我们有所帮助,使我们有所建树。总之我们也想搞这项工业。"当时赫鲁晓夫婉拒了毛泽东的请求,但还是答应先帮助中国建设一座小型原子堆并借这个条件培训干部,中方也可派人到苏联学习。

1955年1月15日,以毛泽东为首的党中央毅然作出创建我国原子能事业和研制核武器的重大战略决策。1957年10月,中苏正式签署了《中苏国防新技术协定》。根据这个协定,苏联将援助中国建立起综合性原子工业,援助中国的原子弹的研究和生产,并提供原子弹的教学模型和图纸资料;还答应向中国出售用于铀浓缩处理的工业设备,这是原子弹制造的关键环节。

1956年4月11日,周恩来致信毛泽东,提出在研制原子弹三人领导小组的基础上,成立以陈云为主任,郭沫若、李富春、李四光、宋任穷为副主任的原子能委员会。

1958年5月27日至7月22日,中央军委在北京召开扩

大会议,研究加强军队建设问题。毛泽东在会上提出了研制、试验核武器的任务。他说:"原子弹就是这么大的东西,没有那东西,人家就说你不算数,那么好吧,我们就搞一点吧,搞一点原子弹、氢弹,我看有十年工夫完全可能。"

但从1958年夏天起,中苏两国在涉及国家利益的一系列问题上发生了冲突,最终导致双方关系恶化直至破裂。

最初的风波就是当年夏天连续发生的长波电台、联合潜艇舰队事件。当时,苏方出于自身的需要,利用中国希望在建造潜艇方面获得帮助之事,提出双方共同合作,在中国建设一座长波电台、建立一支联合潜艇舰队。但中国方面认为,这是苏联以帮助中国为借口,实际上侵犯了中国的主权,并有控制中国的企图。双方为此争执了好几个月,毛泽东为之大发雷霆,赫鲁晓夫则为此急匆匆地飞到北京为苏联辩解。此事后来虽然不了了之,但从此双方产生罅隙。

1958年8月,中国为打击蒋介石集团、警告美国不要干涉中国内政,未与苏方磋商便发动了炮击金门、马祖之战。苏方虽在表面上表示支持中国、反对美国,但因担心炮击金、马会引起美国的武装干涉,将苏联拖进美苏大战之中,故实际上对中国不满。

1959年,中国为维护自己领土主权,反对印度在中印边界进行挑衅,采取了自卫手段。但苏方认为,中印边界的武装冲突对苏美缓和不利,破坏了赫鲁晓夫访美的和平气氛,因而不顾中国的一再反对,公开发表了一个袒护印度的声明。至此,中苏关系彻底破裂。

1959年,苏联单方面撕毁中苏合作发展核武器的协定。次年8月,苏联撤走全部专家,带走了重要的图纸资料,停止供应设备材料,这给正在进行中的中国核弹研制工作造成了巨大损失和严重困难。面对困难重重的局面,中共中央和中央军委经过调查研究,反复讨论,毅然做出自力更生研制原子弹的重大决策。毛泽东更是明确指出:"要下决心搞尖端技术。赫鲁晓夫不给我们尖端技术,极好!如果给了,这个账是很难还的。"

1962年9月11日,核工业部经过认真讨论和研究,向中共中央提出争取在1964年、最迟在1965年上半年爆炸中国第一颗原子弹的两年规划。10月19日,国务院国防工办向中央政治局常委汇报了核工业部的两年规划。

11月17日,刘少奇在中央政治局会议上宣布,中央决定由十五人组成中央专门委员会,周恩来任主任委员,全面领导原子弹和卫星的研制工作。在当天,周恩来主持召开了中央专委第一次会议。

专委会的成立,标志着原子弹的研制由国家战略上升到了国家行动,从此,原子弹的研制步入了快车道。而原先在原

子弹研制过程中牵头的国防科委,也转变成为主要的组织协调机构之一。

1963年9月,周恩来在人民大会堂北京厅召开了一个会议,探讨原子弹研制的相关问题。会上,钱学森、钱三强等人纷纷表示,有信心尽快研制成功原子弹。

钱学森说:"我想,作为一个科技工作者,中央把这个重任交给我们,我们责无旁贷,应该早一天把原子弹造出来,早一天长我们中国人的志气!"

在此期间,由于全国的大协作,第一颗原子弹的研制工作进展迅速。

12月24日,实验科研人员经过上千次的爆轰试验,终于爆轰出中子。次年1月,西北铀浓缩厂在攻克了一个又一个技术难关后,生产出可以作为原子弹装料的合格的高浓铀产品。这些关键性技术试验的成功、关键性生产的完成,表明中国爆炸第一颗原子弹已为时不远。

1964年10月16日14时59分40秒,引爆了中国第一颗原子弹。20秒钟后,罗布泊闪过一道白中带蓝的光芒,蘑菇云腾空而起。实验成功。

张爱萍拿起话筒,立即向北京报告:"报告总理,我是张爱萍,成功了!已经看到了蘑菇云!"

周恩来异常激动地说:"好!我马上报告主席!"

几分钟后,张爱萍接到周恩来的电话。周恩来说,毛主席说了,一定要搞清楚,是不是真的核爆炸,要让外国人相信。

王淦昌、彭桓武、朱光亚等科学家立即核对各种数据,张爱萍再次将结果向周恩来报告:"爆炸当量在两万吨以上,与理论设计基本吻合。"

电话的那头,周恩来满意地笑了。片刻,他再次传达毛泽东的指示:"先不要对外公布,等外电报道证实后,我们再公布。"

当天傍晚,美、苏、日等国通过各种技术手段,侦察到我国的原子弹爆炸,西方通讯社立即将此重大消息传遍全球。世界的这一天,是中国日。

傍晚,在人民大会堂里,毛泽东、刘少奇、周恩来、朱德等中央领导接见排演音乐舞蹈史诗《东方红》的上千名演职人员。毛泽东让周恩来向大家发布了"我们的原子弹,爆炸成功了"的喜讯,大厅里顿时响起排山倒海般的欢呼……

17日,周恩来以国务院总理名义向世界宣布:

> 中国政府一贯主张全面禁止和彻底销毁核武器,中国进行核试验,发展核武器,是被迫而为的。中国政府郑重宣布,在任何时候、任何情况下,中国都不会首先使用核武器。

我国第一颗原子弹爆炸成功,标志着我国国防现代化进入了一个新阶段。从此,中国成为世界上继美国、苏联、英国、法国之后第五个拥有核武器的国家。

中国第一颗原子弹爆炸成功后,欧美一些人在震惊之余,又不无傲慢地说:"中国没什么了不起,他们把原子弹搞出来了,但把它用于实战还为时尚早,可以说,中国是有弹无枪。"

当时我国第一颗原子弹爆炸时采用的是"地爆"方式——是在一百零二米高的铁塔顶部引爆的——因此还不具备真正意义上的核威慑、核反击能力。在这样的情况下,使用飞机投掷原子弹,实现"空爆",被提上我国核试验的议事日程。

钱学森适时地提出了"两弹结合"的设想,即实现"东风二号"导弹与核弹头的对接发射。之后他率领一批火箭专家,展开了对提高火箭战术技术性能的攻关,使射程、精度更能符合实战要求。

在钱学森等人抓紧研制运载工具的同时,钱三强领导的核科学家也正在争分夺秒地研制核弹头。

1965年5月14日,我国用獾式轰炸机在预定区域、预定高度投下了一枚威力很大的小型核弹,这是中国进行的第二次核试验,它使导弹核武器的研制工作迈进了一大步。

1966年9月,原子弹、导弹"两弹联姻"的试验准备工作就绪。这次试验是一次热试验,也是世界核试验史上的头一次,自然引起了中共中央的高度关注。毛泽东亲自听取了聂荣臻、钱学森关于试验准备工作情况的汇报。

钱学森和他的同事们精心设计,研制人员配套协调,经过两年的努力,一枚中近程导弹运载原子弹全部组装完毕。

1966年10月27日凌晨,随着发射电钮的按下,火箭像一条巨龙腾空而起,在电闪雷鸣、烈焰翻卷中,载着核弹头,飞向苍茫天际。

发射非常顺利,也非常成功!弹头飞越了预定的距离,并精确命中目标。

钱学森、聂荣臻,乃至一切了解并关心这次发射试验的人,他们心中的担忧,都随着一声成功的巨响消解了!

从这一天起,中国在世界上真正确立了拥有核武器的大国地位!钱学森也由此辉煌成就被誉为"中国导弹之父"。

核导弹的成功,是我军武器装备、航天发展史上的一个重要里程碑。它向全世界证明,曾经发明了古代火箭的中国,从此结束了没有导弹武器的历史。

核导弹的成功,也是我国导弹研制、生产的一个良好开端,标志着我国在掌握导弹技术方面迈出了关键的第一步,为日后新型导弹的自行设计和生产开辟了道路,奠定了基础。

从那时起，我国的战略导弹技术从无到有、从小到大、从单级到多级、从近程到远程、从液体到固体，不断发展，取得了举世瞩目的成就。

负责研发卫星

1956年,中国把开发火箭技术纳入国家十二年科学发展规划。1957年10月4日,人类第一颗人造地球卫星由苏联发射成功。中国科学院副院长竺可桢、力学所所长钱学森、地球物理所所长赵九章等,开始积极建议开展中国的卫星研究工作。

在1958年的中国共产党八大二次会议上,毛泽东说:"中国也要搞人造卫星。而且,我们要搞就要搞大的,鸡蛋那么大的我们不搞。"

根据毛泽东的战略号召,中国科学院将研制人造卫星列为1958年的重点任务。这项绝密的工作被定为代号"581"任务,钱学森任"581"小组的组长,副组长是赵九章。

赵九章于1938年获德国柏林大学博士学位,回国后历任清华大学、西南联合大学、中央大学教授。他是中国动力气象学、地球物理学、空间物理学的奠基人。

这一阶段,中国科学院的人造卫星工作主要集中在构思、预研、练兵、打基础上。科学家们和院党组提出的卫星计

划,获得了中央的赞同和专款支持,后因国家经济困难适当调整。

1964年7月9日、11日,连续成功发射两枚"东方红二号"自制导弹,它们已通过实弹考验。10月,中国成功爆炸了第一颗原子弹。"两弹"的成功意味着,在一定程度上解决了发射卫星的工具问题。这一系列进展为发展人造卫星奠定了基础,所以,卫星计划被重新提上议事日程。

1965年8月,周恩来主持中央专委会议,批准了中国科学院提出的《关于发展我国人造卫星工作规划方案建议》,确定将人造卫星研制列为国家尖端技术发展的一项重大任务。会议还明确了工作推进的分工:

> 整个卫星工程由国防科委负责组织协调,卫星本体和地面检测系统由中国科学院负责,运载火箭由七机部负责,卫星发射场由国防科委试验基地负责建设。

因为这一计划是钱学森在1月份正式提出的,国家将人造地球卫星工程的代号定名为"651"任务。全国人力、财力、物力遇到"651"均开绿灯,就这样,中国的人造地球卫星事业从多年的学术和技术准备,转入有计划、有步骤地开展工程研制的时期。

9月,在中国运载火箭技术取得一定进展的情况下,中国科学院开始组建了由赵九章任院长、代号为"651"的卫星设计院(公开名称为"科学仪器设计院"),并把中国第一颗卫星命名为"东方红一号"。从此,中国人造地球卫星研制工作正式开始。

10月20日至11月30日,中国科学院受国防科委委托,在北京召开了中国第一颗人造卫星总体方案论证会,历时四十二天。会上,钱骥报告了中国第一颗人造卫星总体方案。与会人员包括海、陆、空方面的一百二十多位专家,他们对发射人造卫星的目的、任务进行了反复论证。

在论证会上还确定,中国第一颗人造卫星为科学探测性质的试验卫星,其任务是为发展中国的对地观测、通信广播、气象等各种应用卫星取得基本经验、设计数据,发射时间预期在1970年。

他们规定了成功的标志即第一颗人造地球卫星的总体要求是:

上得去,抓得住,看得见,听得到。

所谓"上得去"就是首先要保证卫星飞上天,"抓得住"意味着卫星上天以后地面设备能对卫星实施测控,"看得见"

要求卫星在轨飞行时能让地面上的人用肉眼直接看得见,"听得到"就是卫星要播送音乐且可被地面接收、听到。前两项都比较好达成,难点在于"看得见"和"听得到"。

在原卫星设计方案里,虽有七十二块平面,直径却只有一米,而且表面反光率不高,亮度大约只相当于天空中亮度极低的六等星。那是不是把直径做大就可以了呢?但这又会有问题,直径变大意味着重量也要增加,而卫星超过了既定重量,火箭就送不上去。

后来琢磨出来的办法是,在第三级火箭外面套个镀亮的球形气套,卫星发射时气套闭合;卫星上天后,利用第三级火箭自旋时产生的离心力给气套充气,使之展开为球体。

这个办法在原理上有些像折叠伞,理论上可行,关键是能否找到制作这种气套的特殊材料。设计人员跑了国内许多厂子,都因要求太高而无力研制这种特殊材料,最后才终于在上海研制成功。

为了"听得见",卫星设计院的工作人员也动了很多脑筋。

那个年代,老百姓家中鲜有收音机,且多是中长波的,极少有短波的,就算是有短波的,卫星使用的频率也听不见,于是他们就想到由中央广播电台给转播一下。转播什么呢?光听工程信号,嘀嘀嗒嗒,老百姓听不懂;若播送文字,外国人就听不明白。综合考虑来说合适的只有歌曲,而最能传达中国特色的无疑是《东方红》。

按这个方案向钱学森汇报,钱学森也表示支持,他叫人写了一份报告,呈交聂荣臻。聂荣臻同意后上报中央,中央予以批准。

1967年初,周恩来、聂荣臻采取了一系列措施推动人造卫星的研制,他们宣布组建中国空间技术研究院,由钱学森任院长,编入军队序列。这个空间技术研究院从许多单位抽调出精兵良将,把分散在各部门的研究力量集中起来,实行统一领导,使科研生产照常进行,从而保证了中国第一颗卫星的如期发射。

1968年2月,国务院更加明确指定:"651"总抓,由国防科委负责,钱学森参加。所以,在"651"工程中,钱学森实际上是担负大总体,即负责星－箭－地面系统三大方面总的技术协调、组织实施工作。

在运载火箭方面,钱学森提出了一个更为快捷的实施方案。他不主张专为发射人造卫星设计研制运载火箭,而是建议充分利用已有导弹和探空火箭的技术基础,将两者结合起来,组成发射卫星的运载火箭。他认为,走这个路子可以大大缩短研制时间,节省人力物力。后来的事实证明,他的这个研制思路是完全正确的。

在空间技术研究院建院之初,研制卫星所需的物质条件十分缺乏,如测试设备少、试验设备不齐、加工设备不足等。很多困难都只能靠科技人员因陋就简、土法上马、群策群力解决。

当时的卫星制造厂是由科学仪器厂转产的,在人员、技术、设备、管理方面都面临很多困难。铆接是卫星制造中必不可少的一道工序,可当时卫星厂并未干过,于是在卫星的初样和试验阶段,没有铆枪,也没有固定工件的桁架,工人们就靠一把小锤,用自己的身体当桁架,将铆钉一个个敲上去。

就是在这样的条件下,卫星厂靠人民的智慧和艰辛付出,解决了铆接、阳极化电抛光、光亮铝件大面积镀金、铝件热处理等多项工艺问题。

为了检验设计的正确性与合理性,"东方红一号"卫星从元件、材料,到单机分系统,以至整星,都要在地面进行多种环境模拟试验。计划发射场预定发射卫星的时间气候寒冷,而卫星厂又没有符合要求的试验场地,最后试验是于1968年夏季在海军后勤部的一个冷库中进行的。

卫星上天后,曾有许多国际友人来空间技术研究院参观,当时的环境条件让参观者大为感叹:"东方红一号"能诞生,简直是个奇迹!

1968年2月8日,国防科委召开"651"工程会议,会议决定各单位召开"抓革命,促生产"动员大会,并指定钱学森去七机部一院动员。

2月9日,钱学森在一院召开了"东风四号"和"长征一号"动员大会。针对当时因一院派系斗争阻碍卫星研制工作的情况,钱学森提高嗓门说:"我今天是受毛主席、周总理委派来召开这个大会的。'651'工程是毛主席亲自批准的,这是他老人家对我们的最大的信任、最大的鼓励,也是最大的鞭策。我们不能辜负毛主席的期望……"

按照钱学森的部署,6月下旬,为解决滑行段喷管问题,七机部一院进行了滑行段晃动半实物仿真试验,结果出现了晃动幅值达几十米的异常现象,科研设计人员十分震惊。

钱学森亲临现场,他十分有把握地认定:"滑行段在近于失重状态下,原晃动模型已不成立,此时流体已呈粉末状态,晃动力应该很小。所以地面上进行的这种模拟试验,并不代表空间运行的真实情况,不会影响飞行。"后来的多次飞行试验证明,他的这个结论是正确的。

经过艰苦的工作,1970年元月,"东风四号"发射成功,并顺利实现高空点火和两级分离。至此,第一颗人造卫星的运载火箭问题基本解决。

在卫星方面,钱学森的任务也十分繁重,他在"文化大革命"的高潮中出任空间技术研究院院长,可以说是受命于危难之际。

第一颗人造卫星,在一定意义上是一颗"政治卫星",所以,对钱学森压力最大的,莫过于"一次成功"的要求:要一次成功地送上天,还要求卫星运行轨道尽量覆盖全球,让世界人民听得到、看得见。

周恩来也多次要求,要仔细地工作,做到万无一失。为此,钱学森多次听取汇报,不厌其烦地将每次汇报中所反映的大大小小所有问题都一一详细记录下来,并一一落实解决。

1970年2月初,"东方红一号"卫星成功地通过了整星状态下的自旋试验,火箭和卫星的质量按照要求全部合格,完成了在制造厂出厂前的各项准备工作。

3月21日,"东方红一号"卫星完成总装任务,达到了发射要求。

3月26日,周恩来批准火箭、卫星正式出厂,技术人员接到通知将火箭、卫星装上了前往西北发射场的专列火车。

4月1日,"长征一号"运载火箭、"东方红一号"卫星如期运抵了酒泉卫星发射中心,钱学森随同专列一起前往。

4月2日,钱学森、李福泽、任新民等领导和专家从卫星发射场乘坐专机又一次来到北京,在人民大会堂福建厅向周恩来等中央专委领导同志汇报火箭、卫星到达发射场后第一线的实际情况。

当天19时整,周恩来迈着稳健的脚步走进会议厅,他一到便热情地向大家挥手致意,参加会议的所有人员激动得使劲鼓掌。会议在活跃而轻松的气氛中开始了,钱学森按照事先准备的材料一五一十地汇报火箭、卫星进入发射场后的情况。

钱学森说:"发射卫星的火箭是一枚大型三级火箭,其复杂程度较之人体的五脏六腑、血脉经络有过之而无不及。"

接下来,各系统的负责人做了更为具体的汇报。当一些图纸、原理表格铺在周恩来面前的地毯上时,周恩来拿着铅笔和一个蓝色的小笔记本半跪在地毯前,一边仔细听汇报,一边在本上记着,还一边提出一些问题。在汇报中,如果遇到专业技术术语听不明白的地方,他就请钱学森来做通俗的"翻译"。

周恩来对每个问题的解答都一一谈了自己的看法,不仅如此,在汇报到安全方案时,他认真地看着地图上标着的卫星发射后的理论飞行轨迹,又提出了一些类似问题。比如:火箭发生什么故障必须按照安全预案处置?安全预案实施后会产生多大的影响?同时要求大家,对有可能出现的各种情况,都要在目前所掌握的能力范围内多动脑筋,把问题尽可能地想周到。

专家们从北京回到发射场的当天,即4月3日,"长征一号"运载火箭、"东方红一号"卫星的测试检查工作正式开始

了。从当天起，按预定的工程程序，对火箭、卫星先后进行了单元测试、分系统测试、系统匹配等工作，最后认为两颗"东方红一号"卫星符合设计要求。

4月8日，卫星配合火箭进行了第一次总检查。4月9日，火箭与卫星进行了对接测试。4月10日，卫星和火箭第二次、第三次总检查结束。

1970年4月24日，在位于中国西北部的酒泉卫星发射中心，蔚蓝的天空万里无云，随着发射警报从高音喇叭里一次次响起，发射场坪的人员按照发射程序逐步撤离。在最后一次急促的撤离警报声拉响后，发射场坪已经空无一人，地下控制室的潜望镜伸向地面，人们屏住呼吸等待火箭点火的最后一刹那……

21时35分，高音喇叭里传出指挥员那洪亮的"点火"口令，地下控制室发射控制台前的胡世祥，按下火箭"点火"的按钮。瞬间，发动机喷射出烈焰，载有"东方红一号"卫星的运载火箭伴随着轰鸣声腾空而起刺向天空。

控制室监测仪器灯光闪烁，仪器的"嗒嗒、嗒嗒"声不断显示着飞行正常的数据。

仅仅几分钟时间，火箭按预定轨迹就飞出了人们的视线，但人们的目光仍然停留在火箭消失的地方不肯收回。十五分钟后，高音喇叭里传出测控系统报告"星箭分离""卫星入轨"的消息。

"东方红一号"卫星发射成功了!《东方红》乐曲环绕太空、响彻全球!大家欢欣跳跃,相互拥抱祝贺,泪水和汗水交织在了一起。

这是中国自行研制的"长征一号"三级运载火箭发射成功的第一颗自行设计制造的人造卫星。"东方红一号"的成功发射,让我国继苏联、美国、法国和日本之后,成为世界上第五个能够独立研制和发射人造地球卫星的国家。

在当时的国际航天舞台上,已经有四颗卫星上天,它们分别是:

　　1957年苏联发射的世界上第一颗人造地球卫星"伴侣一号",1958年美国发射的"探险者一号",1965年法国发射的"试验卫星一号",1970年2月日本发射的"大隅号"。

当时中国发射的这颗"东方红一号",卫星质量比上述四个国家第一颗卫星的质量总和还要大,其跟踪手段、信号传递方式、星上温度控制系统也都超过上述四个国家第一颗卫星的水平。

当我国的第一颗人造卫星飞临北京上空时,天安门广场

钱学森传

　　成千上万的群众一下子平静下来,当他们真真切切听到人造卫星从太空播放出他们熟悉的《东方红》乐曲时,广场上立即爆发出欢呼声。

　　这不仅意味着中国人民站起来了,还表示新中国真正地强大了!

第四章 人生显辉煌

航天事业的开创者

钱学森在1955年10月8日归国后,成为中国航天事业的最高技术负责人、重要领导人之一。

翻开共和国的年谱,人们可以清楚地看到,从1956年至1970年,短短的十四年间,中国在一无资料二无技术、经济基础薄弱、外国专家突然撤走的情况下,克服重重困难,自行设计、制造、试验并成功地发射了导弹、原子弹、氢弹、人造地球卫星,取得了进入世界军事强国行列的入门券,令世人刮目相看。

这完全是由中国人独立自主、自力更生创造出来的神话与奇迹。在创造这些奇迹的人中,有一个人无比闪亮耀眼,贡献卓绝,他就是钱学森。他是最先提出建立中国自己的导弹、航天工业的科学家与工程师,他最先提出我国人造卫星工程的顶层设计方案,并安排了深空火箭、气象火箭研制计划。

在钱学森的建议下,我国卫星研制工程正式启动。他受命担任首任中国空间技术研究院院长。在他的主持下,我国制订了"三星计划":首先保证"东方红一号"卫星成功发射,

随后将返回式卫星列为重点,然后发展同步轨道卫星。这一技术路线使我国卫星事业取得巨大进步,为载人航天的发展奠定了坚实的基础。

1956年10月8日,我国第一个导弹研究机构宣告成立,钱学森任研究院院长。在钱学森的具体领导下,自1960年11月5日我国研制成功了第一枚导弹之后,他又亲自主持我国"两弹结合"的技术攻关、试验工作,于1966年10月27日成功发射了我国第一枚导弹核武器。

1965年,钱学森向中央提出研制发射人造卫星的时机已经成熟。1968年,钱学森兼任空间技术研究院首任院长。1970年4月24日,我国第一颗人造地球卫星发射成功,新中国终于迎来了航天时代的黎明。

自此,中国的"两弹一星"事业取得巨大成功,这一伟大成就是国家的决心、筹谋,是广大指战员、工程技术人员团结奋斗的结晶,是火箭、导弹、卫星的总设计师钱学森精心绘制的杰作。

"两弹一星"不仅为我们建立战略导弹部队提供了装备技术保障,增强了我军在高技术条件下的防御能力、作战能力,而且带动了我国高技术及其产业的发展,促进了经济建设、科技进步。

"两弹一星"事业所取得的巨大成就,是中国人民挺直腰杆站起来的重要标志,极大地鼓舞了全党全军全国人民的斗志,增强了民族凝聚力,激发了振兴中华的爱国热情。正如邓小平同志曾经指出的那样:

> 如果20世纪60年代以来中国没有原子弹、氢弹,没有发射卫星,中国就不能叫有重要影响的大国,就没有现在这样的国际地位。这些东西反映一个民族的能力,也是一个民族、一个国家兴旺发达的标志。

钱学森曾经说过:

> 我作为一名中国的科技工作者,活着的目的就是为人民服务。如果人民最后对我的一生所做的工作表示满意的话,那才是最高的奖赏。

这段简短的人生座右铭,就是钱学森为祖国为人民鞠躬尽瘁、一生以科学态度追求真理的真实写照。这位火箭专家,心系新中国的发展,为了中华民族的昌盛,不仅自己殚精竭虑,还极力培养年轻一代勇于探索的大无畏科学精神。

钱学森在学术上的敢于突破、任人唯贤更是出了名的,他不止一次地表示过,学术研究、科学探索要敢于挑战权威。关

于这点,科学界还流传着一段伯乐、千里马的佳话:

1964年夏天,钱学森带领大家设计的一枚火箭已进入了"15分钟准备",只等待"0"时的到来。

这时却突然出现了事先谁也没有估计到的严重情况:由于天气太热,火箭推进剂在高温下剧烈膨胀,导弹贮箱内灌不进足够的燃料,灌进去的也气化了,这将严重影响火箭的射程。

论证会、研讨会,一个一个开下去,始终找不出合适方案。突然,一个叫王永志的青年工程师提出来:"适量泄出推进剂!"大家都被他提出的方案弄糊涂了。

总设计师连连摇头:"不行!不行!正因为气温太高,推进剂已经少加了,这才出现了达不到射程的问题。现在你反而提出减少推进剂,这不打得更近了吗?"

王永志坚持说:"泄出少量推进剂,就减少了弹体的重量。这不但不会影响火箭的发射距离,而且还会飞得更远。"

"我决不同意拿国家的财产去冒险!"总设计师右手一挥,完全堵死了这道门。

"找钱学森院长去!"王永志向钱学森的帐篷走去。

钱学森细心地倾听着王永志的意见,听完后,他既没点头,也没有摇头,而是站起身来,在帐篷内边踱着步边思考。终于,他停住了脚步,肯定地说:"按照工程控制论原理,你这个方案有道理!年轻人!"

钱学森拍拍王永志的肩膀说:"我看这个办法行!"

钱学森全力支持这位青年工程师的方案。要知道,这是要承担很大风险的。最后,在钱学森的督促下,火箭试验终于取得了成功。

就此王永志和钱学森结为好友,更成为最为亲密的合作伙伴。钱学森的唯贤是举不仅仅成就了中国航天,最后王永志也被推荐成为中国航天事业的总工程师,为航天事业继续添砖加瓦。

钱学森不愧为我国航天事业的导师、开创者和奠基人!

钱学森对科学技术的重大贡献是多方面的,他以总体、动力、制导、气动力、结构、计算机、质量控制等领域的丰富知识,为组织领导新中国火箭、导弹、航天器的研究发展工作发挥了巨大作用,作出了卓越贡献。

工程控制论的创始人

钱学森早期的主要研究领域是应用力学、喷气推进、物理力学、工程控制论等。在美国失去自由的那段期间,1950年,他开始研究控制论;1951—1954年,他和他的学生们发表了一系列有关工程控制论的文章,并于1954年出版了《工程控制论》一书,在世界引起了轰动,并且使提出"控制论"这个概念的诺伯特·维纳也名声大振。

控制论学科的出现,通常是从维纳的书《控制论——动物和机器中的控制和通讯》开始的。该书发表后,在哲学界曾引起轩然大波。因为书中副标题把动物、机器并列,人也是动物,把人与机器等同起来,有亵渎人类尊严之嫌。就像哥白尼把地球从宇宙的中心搬到太阳系的一个角落而触怒了教皇一样,维纳的理论惹怒了不少哲学家。

当时苏联的哲学界首先发起攻击,称控制论是一种反动的伪科学,是现代机械论的一种新形式。还有更严重的批评,说控制论是为帝国主义服务的战争工具。以至于维纳这位数学家,当时在苏联和东欧被视为反动的伪科学家和帝国主义的帮凶,而鉴于当时的世界形势,未见有人公开辩论过。

1954年,钱学森的著作《工程控制论》在美国出版以后,迅速被译成德、俄、法、中文出版,书中系统地揭示了控制论对自动化、航空、航天、电子通信等科学技术的意义和深远影响。

书内未触及人类这种动物的尊严,写的全然是技术科学。包括苏联在内的国际科学界立即接受了这一新学科,从而吸引了大批数学家、工程技术专家从事控制论的研究,推动了20世纪50—60年代该学科发展的高潮。

在这种形势下,原来持批判态度的哲学家们只好放下武器,悄悄修改了各辞书中的词条,肯定控制论是一门"研究信息和控制一般规律的新兴科学"。

1957年,在巴黎正式成立了国际自动控制联合会(IFAC)筹委会,中国是发起国之一,钱学森当选为第一届理事会成员。

1960年9月,在莫斯科举行了IFAC第一届世界代表大会,全世界控制论科学家聚集于莫斯科大学礼堂。维纳此时已经顺利摆脱"反动分子""伪科学家"的形象,他受到了英雄般的接待,当然,应该要说这确实归功于工程控制论的创始人钱学森。维纳见到中国代表团时,热情地用中文讲话,说他1935年在清华大学做过客座教授,并为此感到骄傲。

钱学森当时担任国防部五院院长,受命领导建立中国航

天科学事业，他无暇前去参会。且时值中苏关系剧变——1960年8月苏联刚撕毁协议、撤走专家——周恩来、聂荣臻也不同意这位中国航天事业的科技主帅去冒无谓的风险。

当时各国与会者，包括钱学森的故交、慕名崇敬者，都为他不能出席这个盛会而感到遗憾。他们只好相互吟诵《工程控制论》序言中的名句来表达对他的敬意：

> 建立这门技术科学，能赋予人们更宽阔、更缜密的眼光去观察老问题，为解决新问题开辟意想不到的新前景。

后来钱学森回忆说，他当年研究工程控制论，只是为了转移美国特务们的注意力，争取获准回归祖国，没有想到会建立一门新学科。

在控制论科学理论、应用领域取得巨大成就的同时，信息技术、运筹学并驾齐驱，出现了相互渗透和融合的趋势，应用范围从工程领域延伸到工程管理系统，形成了"系统工程"的科学概念和方法。钱学森由于所承担工作的性质、长期工作形成的经验，敏锐地注意到这种态势。

早在世界上第一本关于系统工程的著作出现以前，钱学森在加州理工学院担任喷气推进中心主任时，就注意到运筹学的发展和意义。回国以后,他在国防部五院创立了总体设计部,按系统工程方法组织实施火箭、导弹、卫星等复杂系统的论证、研制、试验和交付工作。正如他后来总结的那样:

> 系统工程是组织管理"系统"的规划、研究、设计、制造、试验和运行的科学方法,是对所有系统都有普遍意义的科学方法。

我国国防尖端技术的实践,证明了这一方法的科学性。

按钱学森的倡议,1956年在中国科学院力学所成立了由许国志主持的运筹学组,后来扩大成研究室。在他的主持下,20世纪50年代末,国防部五院成立了作战运筹研究室。1961年在中国科学院数学所成立了由关肇直、宋健主持的控制论研究室。中国后来三十多年发展的实践,充分证明了这些措施的正确性和远见性。

1958年,时任中国科学院力学所所长的钱学森,与副所长郭永怀等著名科学家亲手创办了中国科技大学近代力学系,并担任系主任二十余年。

近代力学的发展,对我国航天等尖端技术水平、经济建设水平的提高,起到了重要的推动作用。关于力学的范围,钱学森认为:

力学是技术科学中的理论部分,力学的内容除传统的固体力学、流体力学,还应该包括化学流体力学、磁流体力学、物理力学、自动控制理论、核能利用、工程经济、运输理论等。

在中国近代力学系的创建、发展过程中,钱学森呕心沥血、事必躬亲。多年来,他不仅为我国直接培养了大批优秀人才,形成了独特的人才培养体系;而且始终以科教兴国为自己的崇高使命,长期热忱地关注着中国的教育事业,并为之倾注了大量心血。

中国自然科学的领导者

综观钱学森这位科学巨匠的一生,共发表专著七部,发表论文三百余篇。他的主要贡献表现在以下几个方面:

一、应用力学方面

钱学森在应用力学的空气动力学、固体力学方面,都做过开拓性工作。他与冯·卡门合作进行的可压缩边界层的研究,揭示了这一领域的温度变化情况,创立了"卡门－钱学森公式"。与郭永怀合作时,最早在跨声速流动问题中引入上下临界马赫数的概念。

二、喷气推进与航天技术方面

20世纪40—60年代初期,钱学森在火箭与航天领域提出了若干重要的概念:

40年代,提出并实现了火箭助推起飞装置,使飞机起飞距离缩短;1949年,提出了火箭旅客飞机概念、关于

核火箭的设想；1953年，研究了行星际飞行理论的可能性；在1962年出版的《星际航行概论》中，提出了用一架装有喷气发动机的大飞机作为第一级运载工具，用一架装有火箭发动机的飞机作为第二级运载工具的天地往返运输系统概念。

三、工程控制论方面

工程控制论在其形成过程中，逐渐把设计稳定、制导系统等作为主要研究对象，而钱学森就是这类研究工作的先驱。

四、物理力学方面

1946年，钱学森将稀薄气体的物理、化学、力学特性结合起来研究，这是先驱性的工作。1953年，他正式提出物理力学概念，主张从物质的微观规律确定其宏观力学特性，改变了过去只靠实验测定力学性质的方法，大大节约了人力物力，并开拓了高温高压的新领域。1961年，钱学森编著的《物理力学讲义》正式出版。

五、系统科学和系统工程方面

钱学森不仅将我国航天系统工程的实践提炼成航天系统

工程理论,并在 20 世纪 80 年代初提出国民经济建设总体设计的概念,坚持致力于将航天系统工程概念推广应用到整个国家和国民经济建设上,并从社会形态和开放复杂巨系统的高度论述了社会系统。

六、思维科学方面

20 世纪 80 年代初,钱学森站在科技发展的前沿,提出创建思维科学这一科学技术部门,把 20 世纪 30 年代中国哲学界曾议论过但有所争论,并且在当时条件下没法讲清楚的主张,科学地概括为思维科学。

钱学森认为,思维科学是处理意识与大脑、精神与物质、主观与客观的科学,是现代科学技术的一个大部门。

推动思维科学研究是计算机技术革命的需要,钱学森主张发展思维科学要同人工智能、智能计算机的工作结合起来。他以自己亲身参与应用力学发展的深刻体会,指明研究人工智能、智能计算机应以应用力学为借鉴,走理论联系实际、实际要理论指导的道路。人工智能的理论基础就是思维科学中的基础科学,即思维学。研究思维学的途径需从哲学成果中寻找,因为思维学是从哲学中演化出来的科学。

钱学森还认为,形象思维学的建立是当前思维科学研究的突破口,也是人工智能、智能计算机的核心问题。

钱学森把系统科学方法应用到思维科学的研究中,提出思维的系统观,即首先以逻辑单元思维过程为微观基础,逐步构筑单一思维类型的一阶思维系统,也就是构筑抽象思维、形象思维、社会思维、特异思维等;其次是解决二阶思维开放大系统的课题;最后是决策咨询高阶思维开放巨系统。

荣获"小罗克韦尔奖"

钱学森一生伴随着很多的荣誉,但他本人总是把这些荣誉看得很淡。这绝不是钱学森自命清高,而是他始终认为,个人是渺小的,他所取得的成绩是建立在集体之上的。

1989年初,国际科学技术协会决定授予钱学森1989年的威拉德·罗克韦尔技术杰出奖。该奖项也叫"小罗克韦尔奖",是国际理工研究所于1982年设立的最高奖项,每年至多授予三位在国际理工领域拥有极高声誉的科学家,同时选入《世界级工程·科学·技术名人录》。这是现代理工界所能入选的最高荣誉等级。至1989年,世界上仅有十六名现代科技专家获得这项荣誉,钱学森是其中唯一的中国学者。

1989年6月29日,国际技术与技术交流大会"小罗克韦尔奖"的授奖仪式,在美国纽约的贾维茨会议中心隆重举行。然而,中国科学家钱学森却没有前来领奖,代替他领奖的是当时的中国驻美大使韩叙。这令一些美国朋友感到惊诧:钱学森为什么不来领奖呢?

其实,钱学森何止是这一次没有亲自去领奖? 1979年,

他的母校加州理工学院授予他"杰出校友"称号,他没有出席领奖;1986年,南加州华人科学家工程师协会为他授奖,他也没有参加。总之,他自从1955年离开美国后,就再也没有去过美国。

1956年,钱学森在他最尊敬的老师冯·卡门教授庆祝七十五岁生日的时候,也只是寄出了一封意味深长的信。他在信中写道:

> 冯·卡门先生,在这个世界上,您创造的财富使您成为一个受人尊敬的人。我希望,通过科学家的贡献,促进人类生活的幸福、和平美好。
>
> 这个声明作为我在您七十五岁寿辰的致辞。

同年12月1日,在北京隆重举行"世界文化名人本杰明·富兰克林、皮埃尔·居里、玛丽·居里纪念会"。钱学森特地写信给冯·卡门,热情邀请老师来中国参加这一活动;但由于美国政府的干涉,冯·卡门最终未能成行。

冯·卡门对没能来中国深感遗憾,他对这个学生怀有深厚的感情,也想有机会能够再见一面,所以,在美国成立国际星际航空学会时,冯·卡门也向钱学森发出了邀请,希望他能去美国参加大会。

但是,当钱学森了解到美国在这次大会上还邀请台湾代表参会时,立即拒绝了这个邀请。钱学森在回信中说:

> 如果台湾代表也被邀请,那么恕我不能出席,因为在我心中,中国只有一个。

此后,直到冯·卡门逝世,他们师生也未能再见上一面。钱学森在发给冯·卡门亲属的唁电中,表达了对最敬爱老师逝世的哀思:

> 我深为遗憾地获悉冯·卡门先生去世的消息。但是,我认为他作为一个杰出的科学家,将长久地活在我们心中。我们更加欣慰地看到,他对科学的贡献得到了不同社会制度的世界各国人民的承认。

其实,钱学森自从1955年离开美国后就曾发誓:"今生今世再也不踏上美国的国土。"那么,是什么原因让钱学森态度如此坚决呢?

原来当年钱学森离开美国,是被驱逐出境,按照美国法律规定,他是不能再去美国的。对于后来美国方面邀请他访美,钱学森也明确表示:"美国政府如果不公开给我平反,今生

今世绝不再踏上美国国土。"所以,美国人给他再高的荣誉,钱学森也不稀罕。他说:"如果中国人民说我钱学森为国家,为民族做了点事,那就是最高的奖赏,我不稀罕那些外国荣誉头衔!"

就拒绝到美国领取"小罗克韦尔奖"这件事,钱学森曾给国务院领导写过一封信,信中对此进行了十分坦诚的回答。他写道:

>　　我本人不宜去美国……事实是我如果现在去美国,将"证实"了许多完全错误的东西,这不是我应该做的事。例如,我不是美国政府逼我回祖国的;早在1935年离开祖国以前,我就向上海交通大学、地下党员戴中孚同志保证学成回到祖国服务。我决定回国是我自己的事,从1949年就做了准备布置……我认为这是大是大非的问题,我不能沉默。历史不容歪曲。

1989年8月3日,在国防科工委办公大楼会议室,由国防科工委、中国科学院联合召开座谈会,庆贺钱学森获得"小罗克韦尔奖"。主办单位按照钱学森的意思,将座谈会开得十分简单。桌上清茶一杯,如同它的主人一样,清淡而高雅。

面对当年一起工作的老朋友、老同事,面对着金光闪闪的

"小罗克韦尔奖章",钱学森敞开了心扉,真诚地袒露了他那一颗忠诚于党和人民、热爱社会主义祖国的赤子之心。钱学森说道:

> 国际技术与技术交流大会、国际理工研究所授予我奖章和称号,说是表彰我"对中国火箭导弹技术、航天技术和系统工程理论"方面所做的一些工作。我想这里"中国"两个字是不可缺少的,是非常重要的。
>
> 回顾这一段历史,我觉得个人只是做了一点应该做的工作,那是很有限的,首先要归功于党的领导,再就是广大科技人员的努力。个人的贡献与党的领导和集体力量相比,那是非常渺小的。
>
> 周总理、聂老总给我这个任务,我的办法就是依靠集体。记得那时,每个星期天下午,我就把任新民、屠守锷、黄纬禄、庄逢甘等几位总工,还有林爽同志请到我家去议事。有什么问题,大家提出来,共同研究解决。不同的意见,要尽量发表,但议定的事都要执行。执行中发现有什么差错,要尽快改正。我们中国的导弹,就是这么干出来的。所以,成就是集体的。
>
> 因此,今天给我的奖,说是第一个中国人得此奖。我说,要紧的是"中国人"三个字。这个"中国人",应该包

括成千上万为此作出贡献的人。

在这次座谈会上,国防科工委主任丁衡高怀着兴奋的心情,向钱学森表示祝贺,他勉励参加座谈会的中青年科技工作者,要虚心向钱学森等老一辈科学家学习。不仅要学习他们顽强拼搏、刻苦攻关的奋斗精神,也要学习他们谦虚谨慎、一丝不苟的治学态度,更要学习他们不为名利,一心为祖国、为人民的高尚品质和共产主义情操。

获得多项国家大奖

1991年10月16日,在北京人民大会堂,国家最高领导人授予钱学森"国家杰出贡献科学家"荣誉证书、"一级英雄模范"奖章。

之后,钱学森被邀请讲话。已经八十岁高龄的他,面对如此隆重的授奖仪式,依然像平日一样朴实、平易、谦和。他首先感谢党和人民给予他的崇高荣誉,感谢曾在工作中给他以信任、关怀和帮助的领导和全体同志。他回忆起当年在周恩来、聂荣臻等老一辈无产阶级革命家领导下,广大科技人员为发展我国国防科技事业而奋斗的火热生活。说到这儿,他非常动情:

> 刚才各位领导讲我钱学森如何如何,那都是千千万万人劳动的成果啊!我本人只是沧海一粟,渺小得很。真正伟大的是中国人民,是中国共产党,是中华人民共和国!

然而,钱学森接下来的讲话,却使在场的人非常吃惊:

有人问我,在今天这么一个隆重的场合,我的心情到底怎么样?如果说老实话,应该承认我并不很激动。怎么回事?因为我这一辈子已经有了三次非常激动的时刻。

记者们一时怀疑自己听错了,难道还有比这件事情更激动人心的吗?会场一下子静极了,人们在聆听钱学森接着说些什么:

第一次是在1955年,我被允许可以回国了。手里拿着一本在美国刚出版的我写的《工程控制论》,还有一本我讲的物理学的讲义,我把这两本东西送到冯·卡门老师手里,他翻了翻很感慨地跟我说:"你现在在学术上已经超过了我。"这个时候他已经七十四岁了。我一听他这句话,激动极了,心想,我二十年奋斗的目标,现在终于实现了,我钱学森在学术上超过了这么一位世界闻名的大权威,为中国人争了气,我激动极了。这是我有生以来第一次这么激动。

在建国十周年的时候,我被接纳为中国共产党的党员。这个时候,我心情是非常激动的,我钱学森是一个中国共产党的党员了!我简直激动得睡不着觉。这是我第二次的心情激动。

第三次的心情激动,就在今年。今年我看了王任重同志写的《史来贺传》的序。在这个序里,他说中共中央组织部把雷锋、焦裕禄、王进喜、史来贺和钱学森这五个人作为解放四十年来在群众中享有崇高威望的共产党员的优秀代表……我看见这句话,我心里激动极了。我现在是劳动人民的一分子,而且与劳动人民中最先进的分子连在一起了。

听到这里,人们才回味出刚才钱学森说的那句看来似乎不合时宜的话,是多么得体。钱学森的三次大激动,都不是因为个人得到了什么荣誉,而是他感到"为中国人争了气",感到"是一个中国共产党的党员了",感到作为"劳动人民的一分子"并"与劳动人民中最先进的分子连在一起了"的那种光荣。

钱学森的话到此还没有打住,不过下面的话又使在座的领导、同事们感到意外。在这样一个隆重而严肃的场合,他竟然讲起了他的妻子,按说这是不符合惯例的。然而,钱学森却把话锋一转,指着后排的夫人蒋英,提高了声调说道:

下面,我还要利用这个机会表示对我爱人蒋英的感激。

我们结婚已经四十四年了,这四十四年我们家庭生活是幸福的。但在1950年至1955年美国政府对我进行迫害的这五年,她管家时是作出了巨大牺牲的,这一点我绝不能忘记。

我还要向今天在座的领导和同志们介绍,就是蒋英和我的专业相差甚远,我是干什么的,大家知道了。蒋英是干什么的?她是位高音歌唱家,而且是专门唱最深刻的德国古典艺术歌曲。

正是她给我介绍了这些音乐艺术,这些艺术中包含的诗情画意和对人生的深刻理解,使我丰富了对世界的深刻认识,学会了艺术的广阔思维方法。或者说,正因为我受到了这些艺术方面的熏陶,所以我才能够避免死心眼儿,避免机械唯物论,想问题能够更宽一点、活一点。

所以,在这一点上,我也要感谢我的爱人蒋英同志。

在场的人都被深深感动了,他们对钱学森夫妇报以热烈的掌声。

最后,钱学森谈到了他的下一步打算,即要在他有生之年,建立一套系统科学体系,从整体上研究和解决社会主义现代化建设中的问题。

据聂荣臻的女儿聂力回忆,当年钱学森获得这些荣誉后,聂荣臻专门致信祝贺,他还说:

> 学森同志的确给我们科学工作者树立了良好的榜样。作为世界知名的科学家,学森同志更注重谦虚谨慎、严于律己,总是艰苦奋斗地工作、艰苦朴素地生活,从不计较个人得失。我很赞赏他的座右铭:"我作为一名中国的科学工作者,活着的目的就是为人民服务。如果人民最后对我的一生所做的工作表示满意的话,那才是最高的奖赏。"
>
> 现在,国务院、中央军委正是代表了全国全军授予学森同志这个最高的奖赏。因为学森同志已为祖国争了光,为祖国的安全尽了力,为人类科技事业做出了卓越的贡献,人民是很满意的!

1999年9月18日,在庆祝中华人民共和国成立五十周年之际,中共中央、国务院、中央军委在人民大会堂举行大会,隆重表彰为"两弹一星"作出突出贡献的科技专家,授予、追授二十三名科技专家"两弹一星功勋奖章"。

熟悉这些功勋科学家经历的人,会不约而同地想起缺席

此次会议的一位科技伟人,因为这些功勋科学家中有些人是这位科技伟人的学生,或者说有些人的事业和成就与这位科技伟人有着密切联系。这位科技伟人就是钱学森,人们尊称他为"导弹之王""中国航天之父"。总之,钱学森的名字与我国"两弹一星"是紧密联系在一起的。

表彰大会刚刚结束,全国政协副主席朱光亚、中国人民解放军总装备部部长曹刚川、政委李继耐受中央的委托,驱车前往钱学森的住所,将中央授予的"两弹一星功勋奖章"送到钱学森手中,并向他表示祝贺。钱学森感谢党和人民给予他的关怀,表示要珍惜荣誉,在有生之年继续为祖国现代化建设作出贡献。

2008年,因为对祖国科技、航天等伟大事业的卓著贡献,钱学森入选中央电视台的"感动中国·2007年度人物"。颁奖词如下:

> 在他心里,国为重,家为轻;科学最重,名利最轻。五年归国路,十年两弹成……他是知识的宝藏,是科学的旗帜,是中华民族知识分子的典范。

2009年10月31日上午8时,"中国航天之父"钱学森在北京逝世,享年九十八岁。他那充满传奇色彩的人生,他对祖国、对事业、对理想、对爱情忠贞不渝的品格,他为发展我国的火箭、导弹、航天事业无私奉献的精神,带给我们的人生启迪,将是深刻而永恒的。